DU PAYS VIDE

L'ESPRIT DES LOIS

Directeurs : Stéphane CHAUVIER et Céline SPECTOR

DU PAYS VIDE

RÉFUTER LE SOLIPSISME POLITIQUE

par

Isabelle DELPLA

PARIS
LIBRAIRIE PHILOSOPHIQUE J. VRIN
6 place de la Sorbonne, V e

2023

© *Librairie Philosophique J. VRIN*, 2023

Imprimé en France

ISSN 2682-1699

ISBN 978-2-7116-3074-5

www.vrin.fr

DES ÉTATS EN VOIE DE DISPARITION ?

Dans un pays X qui pourrait être le nôtre ou un autre, les habitants, appelés Xiens, inquiets de leur avenir, ne savent comment décider de leur présent et de leur futur. Comment instaurer ou préserver une société juste ? Faut-il se replier sur soi comme d'autres pays tentent de le faire ? Mais cela a-t-il un sens alors que le réchauffement climatique menace la stabilité, voire l'existence de certains pays ? Ce réchauffement climatique va-t-il bouleverser leur société, leur organisation et leurs principes politiques ? En désaccord sur les solutions, ils le sont également sur leur pays lui-même que certains trouvent trop grand, d'autres trop petit, trop plat ou trop montagneux. Certains se lamentent de sa pauvreté et de sa faiblesse, d'autres vantent sa richesse et sa puissance. Trop libéral et progressiste pour certains, il est jugé trop autoritaire et rétrograde pour d'autres. Une discussion entre Xiens s'engage.

Candide : Avez-vous vu ces inondations dévastatrices, partout, ces mégafeux, ces gens qui doivent fuir ou mourir ?

Xénotrope : Ces phénomènes causés par le réchauffement climatique dépassent hélas les catastrophes momentanées. Lisez le dernier rapport du GIEC[1]. Ce réchauffement est plus rapide, intense et dévastateur que prévu. Ses effets sont globaux, tu as raison, mais aussi différenciés selon les pays qui ne sont pas à égalité face à ce phénomène. Dans plusieurs pays, des régions entières deviennent durablement inhabitables. La désertification croissante au Niger et au Mali ou la salinisation des sols à Tuvalu y restreignent les possibilités d'existence. Des îlots ont déjà été évacués ici et ailleurs. C'est l'existence même de certains États, comme Tuvalu ou les Maldives, qui est menacée par la submersion de leur territoire. Le gouvernement de Kiribati cherche, sans succès, de nouveaux territoires pour relocaliser sa population.

Hexagone : Il n'y a là rien de bien nouveau, ni pour les catastrophes, ni pour les phénomènes récurrents, comme les moussons.

Xénotrope : Des États souverains perdraient la totalité de leur territoire. Ce serait un phénomène inouï, dans l'histoire humaine, que des États internationalement reconnus disparaissent, sans guerre, ni annexion, sans que leur population soit chassée et remplacée par d'autres. Usuellement, les migrants quittent leur territoire. Mais là, qu'advient-il de ces pays, de leurs populations quand c'est leur territoire qui les quitte ? Des pays vides ? Sans territoire, ni population ?

Hexagone : Cela nous concerne-t-il ? Notre pays n'a-t-il pas assez de montagnes et d'arrière-pays pour ne pas nous en soucier ?

Pentagone : Ce n'est qu'un problème de petits pays plats et insulaires. D'ailleurs ces micro-États sont des créations récentes, voire artificielles, de la décolonisation. Ont-ils vraiment leur place dans le concert des nations ?

Xénotrope : Ce serait la disparition de pays, qui ont été colonisés sans avoir colonisé, qui n'ont pas contribué au réchauffement climatique. L'injustice s'ajoute à l'inégalité.

Pentagone : Une telle perte de souveraineté est une curiosité pour les juristes, mais c'est politiquement négligeable.

Xénotrope : Vous oubliez que l'AOSIS (*Alliance of Small Island States*[2]) réunit une quarantaine d'États, que dans des pays continents comme l'Australie, on a dû se jeter à l'eau pour échapper aux flammes, que la submersion des terres s'étend au Bengladesh ou au Viêt-Nam. Les migrants climatiques pourront se compter en millions.

Il faut bien sûr tout mettre en œuvre pour lutter contre le réchauffement climatique, ici et ailleurs, changer les comportements privés, militer pour des politiques publiques et internationales plus efficaces, ne négliger aucune ressource de l'écologie, de l'ingénierie, des diverses sciences et technologies, pour développer partout des solutions de réduction des émissions carbone, de reboisement, de protection de la biodiversité, d'adaptation.

Mais il nous faut aussi poser la question des droits politiques. Par refus du cynisme, par attention aux plus mal lotis, ou par intérêt bien compris, défendons ces populations menacées et leurs États. Ce peut être nous-mêmes demain ou après-demain.

Candide : Quel est le statut actuel de ces exilés climatiques ?

Xénotrope : Il peut y avoir des dispositions locales, mais en général, ils n'en ont aucun, faute d'accord sur un statut d'exilé climatique. Ils ne sont pas réfugiés selon les Conventions de Genève, ne fuyant pas des persécutions. Et si leur territoire disparaît, ils seront apatrides, perdant leur citoyenneté individuelle et collectivement leur pays.

Candide : C'est révoltant.

Soliae : C'est juridiquement et politiquement imparable. Il n'y a pas d'État sans l'adéquation entre un territoire, une population et un gouvernement. En perdant leur territoire, ces États perdront leur existence juridique et leur reconnaissance à l'ONU. Ces populations ne peuvent espérer qu'un traitement moral et non un traitement politique de leur situation. Et encore cette morale relèvera-t-elle de notre seule générosité et non du droit humanitaire.

Candide : Ils perdront donc tous leurs droits ?

Xénotrope : Ils perdraient leurs maisons, leurs propriétés, leur environnement, leurs paysages. Ils rejoindraient le sort des peuples sans territoire et sans État, sans même pouvoir lutter contre de nouveaux occupants. L'ironie est que les apatrides seront peut-être les mieux lotis, étant protégés par la Convention relative au statut des apatrides de 1954 qui garantit des droits civils dans les pays d'accueil qui la respectent. Un apatride y bénéficie du droit de résidence, d'exercer une profession, d'acheter un logement. Sans État, ils seraient toutefois sans droits politiques.

Quant aux migrants climatiques, qui auront perdu leur village, leur ville, leur région, mais non leur État, sans statut, ils n'ont aucun droit hors de leur pays.

Candide : Mais ces apatrides climatiques pourraient-ils retrouver des droits politiques ?

Xénotrope : Une possibilité est d'obtenir la nationalité d'autres pays, sur le modèle des réfugiés obtenant la naturalisation dans leur pays d'accueil. Leurs droits individuels seront garantis, mais ils auront perdu toute représentation et tous droits collectifs, comme le droit à une culture commune et à l'expression publique dans leur langue.

Ils pourraient aussi être dispersés aux quatre coins du monde. C'est une version améliorée des politiques d'accueil des réfugiés avec leur indétermination. Car, s'il y a un droit des réfugiés et des apatrides, il n'y a pas de devoir d'accueil par tel ou tel pays. Sans droit de résidence ici plutôt qu'ailleurs, ils seraient soumis au bon vouloir des pays tiers.

Candide : Pourraient-ils garder leurs droits collectifs et rester citoyens d'un même pays ?

Xénotrope : Il faudrait que leur pays se rattache à un autre, de préférence limitrophe. Cette seconde solution est conforme au droit des peuples à disposer d'eux-mêmes, si par référendum un pays demande son rattachement ou son union à un autre, rattachement accepté par le pays en question et reconnu par l'ONU. La réunification de l'Allemagne avec le rattachement de la RFA à la RDA en est un exemple. Cette solution est assurément envisageable en pratique pour les petits pays insulaires. L'absorption des Maldives par l'Inde ne poserait pas de problème démographique majeur. L'intérêt du pays tiers d'élargir ses frontières peut être multiple. Le territoire, même inhabitable, peut servir à des essais nucléaires, devenir un lieu d'exercice de l'armée, une zone stratégique dans les relations avec d'autres États.

Candide : Cela semble donc une bonne solution.

Xénotrope : Mais peut-on faire de cette absorption la règle ? Ce peut être la perte de leur liberté politique et pas seulement de leur indépendance étatique. À la différence des réfugiés politiques, ces « apatrides » climatiques peuvent provenir de sociétés justes, respectueuses des droits de l'homme et du citoyen, qu'ils perdraient si une démocratie est absorbée par une dictature. Les Maldiviens, notamment lorsqu'ils avaient un régime démocratique, devaient-ils être rattachés à la Birmanie ? Les Nigériens au Nigéria ? Ou les Taiwanais à la Chine populaire ? Et quid des États représentant une enclave politique et culturelle dans un environnement hostile, à l'instar d'Israël ?

Et même dans des pays démocratiques, de petites populations pourraient n'avoir aucune représentation politique si le pays est dominé par une majorité peu respectueuse du droit des minorités, notamment allophones. Le sort des Tuvaluans en Australie y serait au mieux celui des Aborigènes. Au pire, ils ne seraient pas même une minorité.

Le réchauffement global entraînerait alors des phénomènes d'annexion, comparables à ceux que Friedrich Hayek dénonçait dans *La Route de la Servitude*, et pour lesquels il appelait une réponse ferme du droit international. Par la force des éléments, des petits peuples et des petits États seraient absorbés par les grands, dans une forme d'Anschluss climatique qui bénéficierait aux États qui ont le plus contribué au réchauffement climatique.

Candide : Et si ces pays sont très peuplés comme le Bengladesh ?

Xénotrope : Ces populations seraient, au mieux, absorbées dans une pluralité de pays où elles seraient naturalisées. Cette solution est préférable à une vie d'errance sans droits ou à l'annexion par des pays limitrophes hostiles. Mais elle se heurte aux limites déjà évoquées : la dispersion et la perte des droits collectifs.

Il y a trois points communs entre ces diverses solutions. Elles relèvent d'abord de formes de solipsisme, occultant ou plutôt absorbant l'étranger. Corrélativement, elles supposent la mono-citoyenneté comme règle : on a *une* citoyenneté que l'on perd avec la disparition de son territoire. L'alternative se situe entre avoir une citoyenneté d'origine, être apatride ou la remplacer par une autre. En troisième lieu, ces solutions correspondent à la prévalence de la résidence (chez soi), ou à des trajets à sens unique des étrangers vers nous.

Candide : Inclurais-tu aussi l'accueil des réfugiés dans cette vision ?

Xénotrope : Partiellement. Se centrer sur l'accueil peut relever d'une vision à sens unique, qu'il s'agisse d'asile pour les réfugiés ou d'une relocalisation avec naturalisation. Cette approche peut être marquée par un ethnocentrisme, européen ou américain, si la France, l'Europe ou les États-Unis y apparaissent comme le centre normatif du monde, la destination naturelle de l'humanité. Le sort des autres dépend alors de la générosité de l'Europe ou des États-Unis, de leur responsabilité et de leurs limites. Dans cette approche de l'accueil, l'autre, le réfugié, est essentiellement vu à travers le pays d'accueil, dans une seule portion de sa vie, dans un aller simple qui l'amène « chez nous ». Cela reste une conception « solipsiste » des pays d'accueil et non une vision globale du parcours des migrants qui peuvent aller ici, tenter de revenir chez eux et repartir ailleurs.

Candide : Des étrangers sans étranger, en somme. Et que serait une alternative à cette vision ?

Xénotrope : Envisageons plutôt une protection renforcée par le droit international et ses grands organismes, faute d'État protecteur. Inventons de nouveaux modèles cosmopolitiques, d'autres possibles politiques. Pourquoi pas des États sans territoire, des États en exil, des pays n'existant plus que par le droit international. On pourrait inventer un statut de pays vide. Pourquoi ne pas réinventer la forme de l'État ?

Pentagone : À te suivre, c'est la fin des États. Avec le réchauffement climatique, bienvenue au catastrophisme et à la collapsologie politique.

Xénotrope : Il n'y a pas besoin d'être collapsologue pour voir que le réchauffement climatique fragilisera, non seulement les systèmes économiques et sociaux, mais aussi les systèmes politiques. Les États perdant leur territoire n'en sont que la forme extrême.

Soliae : Mais quelle absurdité juridique : il n'y a d'État qu'avec une population et un gouvernement sur un territoire. Quelle absurdité politique : il n'y a de vraie politique que de la souveraineté et de l'identité nationale. Le reste n'est que de la morale ou de la fiction. Et tu vois bien que les peuples préfèrent le repli sur soi. Même les plus vénérables démocraties rejettent les constructions internationales et supranationales.

Xénotrope : Tu parles du Brexit ?

Soliae : Bien sûr. Il y a aussi les programmes de Trump, de Bolsonaro ou d'Orban. Mais ce ne sont que de pâles copies d'un idéal philosophique. Car la vérité de la philosophie politique consiste à se couper du monde. C'est la condition de la justice sociale, mais aussi la solution pour le problème que tu poses. Vivre en autarcie est le meilleur moyen de ne nuire à personne. Si tous les pays faisaient de même, le réchauffement climatique qui menace certains États ne se poserait pas.

Xénotrope : Permets-moi de douter de tous ces points.

Candide : On est en pleine contradiction entre ceux qui cherchent le salut à l'étranger et par le droit international ou au contraire dans le repli sur soi. Exposez chacun vos idées pour que j'y voie plus clair.

Xénotrope : Soliae, comme ton idée a le vent en poupe, à toi l'honneur.

Soliae : Ce n'est pas mon idée, mais l'essence même de la philosophie politique.

Xénotrope : Si nous devons remonter aux principes de la philosophie, n'instrumentalisons pas ces populations insulaires. Elles méritent mieux que d'être des « canaris dans la mine », alertant d'un coup de grisou et d'une catastrophe imminente, sur lesquels les Occidentaux projettent des fantasmes d'Atlandide, leurs propres angoisses ou culpabilité[3]. Espérons que ces pays conserveront leur territoire. N'avalisons pas l'inéluctabilité des changements climatiques, ne parlons pas de pays réels. À des spéculations philosophiques siéront mieux les abstractions et le ton de la fable.

Supposons donc les pays A, B, C. Un jour, le pays A passe sous l'eau dans sa totalité. Le pays B se retrouve entièrement privé d'eau et désertifié, tandis que le pays C reste un mélange tempéré de terre et d'eau. Au pays B, les théoriciens de l'autonomie politique et du développement objecteront qu'une meilleure utilisation de leurs ressources et des sols aurait empêché la désertification, qu'ils doivent se conformer au modèle du pays C. Mais qu'objecter aux pays A ? Imaginons les Aiens vertueux, ayant déployé toutes les ressources de l'ingéniosité humaine. Imaginons-les attachés à la démocratie et à leur autonomie politique, pacifiques et respectueux du droit international, peu enclins à attaquer et déloger leurs voisins. Que peut leur dire une philosophie politique qui ne considère pas la reconnaissance du coup de force, fut-il celui des éléments, ou la lutte sanglante pour les territoires, comme seule solution ?

Chapitre premier

SE COUPER DU MONDE
FABLE DU PAYS SOLIPSISTE

Soliae : La vérité de la philosophie politique consiste bien à pouvoir se couper du monde, dans une indépendance fondée sur notre identité, l'identité d'une nation, d'un État, d'un territoire, d'un gouvernement qui garantit les droits de notre unique citoyenneté. C'est vrai en général ; c'est aussi vrai pour notre chère Xie et pour nous Xiens.

Xénotrope : « Se couper du monde » : certes l'expression est familière, dans les couvents, les séances de méditation ou les agences touristiques, mais ce n'est jamais qu'une manière de parler. Il n'est pas sérieux d'en faire un modèle politique.

Candide : Que peux-tu bien entendre par là ?

LA VOIE DU NATIONALISME

Soliae : Naguère, on aurait pu défendre l'expansionnisme ou l'impérialisme. Des pays ont voulu faire du monde les limites de leur monde : le monde était leur domaine, leur empire, sans extériorité à leur puissance. Ce rêve a fait long feu : ils n'étaient pas seuls à vouloir dominer le monde. Les guerres et les défaites ont limité leur expansion. Pour que le monde reste notre monde, il reste donc à le réduire à nous-mêmes et à nous refermer dans les frontières de notre pays. Car le monde et la mondialisation qui l'accompagne altèrent notre culture et notre identité. L'étranger, même de l'intérieur, menace notre sécurité, nos emplois, nos revenus. Les accords internationaux limitent notre souveraineté et notre indépendance. Soyons donc nationalistes.

Cliophile : Je me permets d'intervenir dans votre débat, car vous connaissez ma passion pour l'histoire, la linguistique, le droit et toutes les sciences humaines. Tu pars sur une mauvaise piste, Soliae. Quoi de plus importé, de plus transnational et de moins singulier que le nationalisme ? Avec son développement au XIXᵉ siècle, on a vu tous les États ou mouvements nationaux brandir leurs spécificités nationales, comme s'ils suivaient un programme international standardisé : les voilà tous vantant leurs traditions ancestrales, leur passé héroïque, leurs recettes de cuisine typiques, leurs paysages de cartes postales, leur hymne national et leur drapeau[4]. Étaient-ils eux-mêmes ? Rien n'est moins sûr : hier encore ils ne prêtaient aucune attention à leurs paysages prétendument authentiques ou à leurs sites immémoriaux. Les ruines leur servaient de carrière, loin d'une vénération de leur patrimoine. Leurs traditions « immémoriales » dataient de la veille. Curieuse manière d'être soi-même que de s'inventer des traditions[5], un passé et une identité, au mépris de sa propre histoire et en copiant les autres. Il en est de même au XXᵉ et au XXIᵉ siècle : les identités nationales se déclinent comme des prospectus touristiques préfabriqués où l'on se contente de remplir les cases, les montagnes pour les paysages typiques suisses et les déserts pour le Maroc, les pâtes pour l'Italie, la baguette pour la France.

Xénotrope : Le nationalisme est aussi dépendant de l'étranger dans son contenu, surtout dans ses formes obsidionales, bellicistes ou agressives. Les nationalistes en quête de pureté de la nation, voire de la race, en appellent à une intériorité trompeuse : ils prétendent se replier sur et entre eux, préserver leur identité propre. Pourtant, ce rejet des étrangers ou de l'ennemi intérieur ne vaut que par des menaces extérieures, réelles ou supposées. L'étranger et les étrangers sont donc leur boussole négative, voire leur condition d'existence.

Cliophile : Pour te couper du monde, il faudra faire preuve d'inventivité car tu devras délaisser aussi les grandes théories politiques qui, à l'instar du nationalisme, ont une histoire d'échanges transnationaux.

Xénotrope : *A fortiori*, tu devras te détourner du libertarianisme, de l'anarchisme, du socialisme et du marxisme qui prônent l'affaiblissement ou le rejet des États ou en appellent à des internationales. Ils sont d'emblée de piètres candidats pour ton programme politique.

RÊVE D'INSULARITÉ

Candide : Et pourquoi ne pas partir sur une île déserte ?

Soliae : Excellente idée. Laissons l'histoire pour la géographie. Rêvons d'insularité. Les seules populations véritablement coupées du monde, sans contact avec d'autres humains, sont les Sentinelles qui vivent en autarcie dans les îles Andaman, au large de l'Inde. Ils fuient tout contact avec l'extérieur, quitte à tuer les intrus. Seule une île permet un tel isolement.

C'est vrai dans la réalité, c'est vrai dans la fiction. L'île y est un symbole de paradis, un jardin d'Éden, préservé des ravages de la civilisation. Elle est aussi un idéal pour la philosophie politique : dans le *Timée*, Platon voyait l'Atlantide comme l'incarnation de la cité idéale, sa République ; c'est sur une île que Francis Bacon place *La Nouvelle Atlantide*, une société inconnue du reste du monde, régie par les lumières et les sciences. C'est aussi sur une île que Thomas More construit *L'Utopie*, une société égalitaire et sans propriété privée, qui n'existait pas de son temps. Les Utopiens avaient volontairement creusé un canal pour séparer leur territoire du continent. *La Cité du Soleil* de Tommaso Campanella, fondée sur des principes analogues, est également insulaire. Vous voyez bien que cet idéal insulaire de coupure du monde dépasse le nationalisme et nourrit la philosophie politique dans sa diversité.

Cliophile : Tu fais à nouveau fausse route. Au-delà des clichés de plages désertes, les îles ne sont pas coupées du monde. Aucun pays insulaire n'a réussi à vivre en complète autarcie. Le Shogun Japonais n'évitait pas les contrebandes. Même les Sentinelles (qui ne forment d'ailleurs pas un pays) ont eu des contacts humains et récupèrent les matériaux échoués sur leur plage pour construire des outils et des armes. Et leur isolement est la mesure de leur fragilité, pas de leur force, les contacts antérieurs ayant rimé avec mauvais traitements, rapts d'enfants, humiliations ou maladies.

Les îles vivent par les échanges, les déplacements entre îles ou avec le continent. L'île nue, sans eau, est l'image de cette dépendance.

Quant aux petits États insulaires de basse altitude, par une étrange ironie de l'histoire, ils symbolisent l'impossibilité de se couper du monde.

Xénotrope : C'est vrai des îles réelles, mais aussi des îles idéales. *La nouvelle Atlantide* de Bacon connaît le monde sans en être connu et en garde le meilleur. Loin de rejeter les étrangers perdus en mer et échouant sur ses côtes, elle tente de les garder par une généreuse hospitalité. Ses savants partent régulièrement explorer le monde pour s'instruire des nouvelles sciences. Connaître sans être connu, voir sans être vu : c'est un rêve d'invisibilité plutôt que d'isolement.

Quant à l'île d'Utopie, More ne la prétendait pas coupée du monde. Elle communique avec l'étranger, échange avec ses voisins, quitte à leur faire la guerre. Elle se nourrit aussi d'échanges intellectuels. Ce sont des idéaux de *La République* de Platon et de la philosophie antique qui se retrouvent dans cette utopie insulaire de Nouveau Monde.

Cliophile : Les utopies insulaires restent filles de l'histoire et de leur temps. Certes l'île d'Utopie de More, où règne l'égalité, sans propriété privée, est le contrepied explicite de l'Angleterre de l'époque. Elle en reproduit toutefois les travers, comme ceux de la famille patriarcale où les femmes sont soumises aux maris. L'insularité imaginaire est la transposition ou le miroir inversé d'une réalité historique. Même dans le royaume de l'imagination, l'île n'est pas autarcique.

Xénotrope : L'image de l'île coupée du monde est à la fois trompeuse et révélatrice. Il y a les insulaires de principe, les utopistes, qui prétendent découvrir ou inventer un nouveau monde, mais reproduisent l'ancien monde malgré eux. Il y a les insulaires par hasard qui, à l'instar de Robinson, s'épuisent à recréer le monde sur leur île. Il y a les insulaires de repli qui ignorent d'autant moins les autres qu'ils les redoutent. Dans tous les cas, l'île n'efface pas l'extériorité.

Cliophile : Cette ambiguïté est tout l'intérêt des mythes insulaires. Sur le continent, on rêve d'île lointaine, symbole de solitude et de pureté intacte. Sur une île, on rêve d'évasion, les îles étant symbole d'enfermement et de prisons. C'est une voie plus rapide que de longues démonstrations philosophiques pour dissuader d'une coupure du monde.

DÉCOUPER LA MAPPEMONDE

Hexagone : Puisque l'île n'est pas une solution, prenons une méthode plus tranchée, une mappemonde et une paire de ciseaux. Je revois, dans mes souvenirs d'écolier, sur le mur, une carte du monde avec notre pays au centre. Concentrons-nous sur cette image et disons « Xie first ». Centre du monde, nous avons ainsi le sens de notre importance en regard des autres. Ensuite, prenons des ciseaux, découpons la mappemonde, le long de nos frontières. « Xie only ». Gardons notre pays, sans le monde.

Cliophile : Se croire le centre du monde grâce aux mappemondes, voilà bien une illusion. Chaque pays a sa mappemonde dont il occupe le centre. La France pavane au centre des mappemondes françaises, avec les États-Unis et le Japon aux marges, les États-Unis au centre de leurs mappemondes avec la France aux marges.

Sans compter l'histoire des cartes : elle montre que les pays ont changé de frontières, voire n'ont pas toujours existé ou ont sérieusement rétréci depuis la perte de leurs colonies. On y voit la relativité des frontières, l'historicité et la contingence des découpages territoriaux. Le découpage de la carte se fait ici aujourd'hui. Hier encore, il était ailleurs. Se couper du monde pour se retrouver soi-même, c'est se découvrir changeant. Plutôt que de former les élèves à la grandeur nationale, tu leur montreras les illusions de l'Xie éternelle.

Xénotrope : Et puis que découperas-tu avec tes ciseaux ? Le tracé des frontières ? Mais comme les douaniers, toujours placés à quelques mètres de la frontière, il faudra que tu découpes à l'intérieur du tracé pour ne pas mordre sur le territoire de nos voisins.

Hexagone : Il faudrait suivre la ligne, comme on le faisait dans nos cahiers d'écoliers.

Xénotrope : Mais la ligne appartient à nos voisins limitrophes autant qu'à nous. Tu devras passer par eux pour te couper d'eux ! Tu leur devras ton isolement autarcique.

Cliophile : Sans compter un autre problème. Supposons qu'à l'instar des enfants, tu découpes la carte en suivant nos frontières, en t'appliquant et en ne mordant pas sur l'extérieur de la ligne. Seul notre pays reste au mur et tu enlèves le monde. Nous nous sommes coupés du monde. Cela ne vaut que pour des pays avec une continuité territoriale, d'un seul bloc, comme la Suisse[6]. Tu as de la chance de n'être ni Français, ni Britannique, ni Portugais. Car comment coupes-tu du monde un pays dispersé sur plusieurs continents ?

Hexagone : On pourrait découper les différentes parties, les garder et jeter le reste de la mappemonde.

Cliophile : Qu'en fais-tu alors ? Tu les colles ensemble ? Un bout de scotch et hop, Papeete à Tahiti et Kourou en Guyane se retrouvent près de Paris, à la place de Bruxelles ou de Barcelone. Et si tu ne les colles pas ensemble, que feras-tu du vide entre ces morceaux ? De quoi sera-t-il fait ? Du monde que tu présupposes ? Et comment relieras-tu Papeete, Kourou et Paris ? Et si on ne garde que la métropole, en se coupant du monde, la France s'amputerait de nombreuses parties. Tu voudrais la réduire à l'hexagone ?

Hexagone : C'est une tentation.

Cliophile : Qui s'inscrit dans une logique où seules les anciennes métropoles coloniales sont les pays par excellence. Peut-être était-ce là ton présupposé implicite.

EXPÉRIENCE DE PENSÉE

Soliae : Soit, prenons une méthode moins matérielle et plus conceptuelle. Faisons une expérience de pensée. L'île n'est qu'une métaphore de la séparation nette, du monde clos. Sur le modèle des physiciens ou des chimistes qui suppriment un élément pour tester une théorie, isolons l'idée de la politique pure de toute extériorité. Analysons-la dans toute sa cohérence.

Xénotrope : Ou son incohérence.

Soliae : Inspirons-nous de la République de Platon, qui est d'ailleurs le modèle de l'Utopie de More et de la Cité du soleil de Campanella. Elle incarne l'idée platonicienne de la justice, autocentrée, autarcique, sans extériorité, ni politique étrangère. Les gardiens de la cité se croient fils de la terre, qui devient leur mère. Les citoyens n'ont pas de commerce avec l'extérieur.

Cliophile : On fera la même objection à la République qu'aux utopies insulaires : elle ressemble étrangement au monde qu'elle est censée refuser et demeure fille de son temps. Platon y envisage la communauté des femmes et des enfants dans une République dirigée par un philosophe roi, et non pas celle des hommes et des enfants dirigés par une philosophe reine.

Xénotrope : La République n'élimine pas non plus tout ce qui est étranger. Elle est fondée sur un noble mensonge, celui de l'autochtonie, et sur une hiérarchie : le peuple et les gardiens n'ont pas accès à l'extérieur. Voilà un modèle bien peu démocratique et qui se revendique tel. Veux-tu fonder ton idéal sur un tel mensonge et réserver le contact avec l'étranger à une élite ?

Quant au philosophe roi qui gouverne par sa connaissance des idées, ne profite-t-il pas des acquis de la mathématique et des sciences de l'époque, provenant des échanges entre cités grecques ?

Soliae : Soyons donc plus radicaux que Platon. À nous d'imaginer une société sans rien d'étranger.

Xénotrope : Comment feras-tu sans retomber dans les illusions d'une insularité où l'on transporte l'ancien dans le nouveau, l'extérieur à l'intérieur ?

Soliae : En procédant à l'inverse. Ne partons pas de rien pour construire un pays nouveau, partons du nôtre et enlevons-lui les éléments externes. C'est ainsi que Pierre Bayle a exploré l'idée d'une société d'athées[7]. On objectait que la société ne pouvait exister sans religion. Bayle, en supprimant la religion, a montré que la société n'en était pas affectée, voire était plus stable et pacifique, débarrassée du fanatisme religieux et de l'idolâtrie. Usons de la même méthode. Supprimons en pensée tout ce qui provient de l'étranger ou d'accords internationaux, *hic* et *nunc*.

Xénotrope : Mais qu'en résultera-t-il ? Bernard de Mandeville, dans *La Fable des abeilles*[8], a appliqué la méthode de Bayle pour tester l'utilité du vice dans la société : il a supprimé le vice, mais la société s'est écroulée. Je parie qu'il en sera de même dans ton cas.

Soliae : Nous verrons bien. Tu parlais de solipsisme, Xénotrope. Je te prends au mot. Pour être plus radical que Platon, considérons que le monde extérieur n'existe pas. Le solipsiste, en quête de certitude, rejette tout ce qui est douteux. Sa seule certitude est celle de sa propre existence, de sa pensée. Le solipsiste est seul lui-même (*solus ipse*) à exister.

Faisons de même et soyons des solipsistes politiques : je vous accorde que le terme révèle une influence latine, fâcheuse, car n'étant pas purement Xienne, mais au moins l'idée est nouvelle. Soyons les premiers à nous revendiquer solipsistes politiques. Considérons que nous sommes les seuls à exister, le reste du monde, les pays étrangers et les étrangers n'existant pas. Rejetons donc systématiquement tout ce qui vient de l'étranger.

Supprimer tout ce qui est étranger

Xénotrope : Par où commences-tu ?

Soliae : Commençons par les biens matériels. C'est ce qui est le plus facile à se représenter. Partons d'un principe simple, supprimons toutes les importations et conservons seulement ce qui est « made in Xie ».

Candide : Tu penses aux scénarios d'un Brexit sans accord où l'on stockerait les rouleaux de papier toilette et les médicaments avant de fermer les frontières ?

Xénotrope : Ce serait se leurrer : ces médicaments sont étrangers et les réfrigérateurs qui les conserveraient également.

Soliae : Effectivement, on ne peut se contenter de fermer les frontières en conservant les importations. Renonçons à nos ordinateurs, à nos téléphones portables, aux appareils ménagers s'ils ne sont pas faits en Xie. Il faudra aussi renoncer au café, au poivre et aux épices, à nos vêtements *made in China* et à nos chaussures italiennes. Fabriquons-les nous-mêmes.

Xénotrope : Mais avec quoi ? Les textiles et les composants sont le plus souvent importés.

Soliae : Soyons cohérents. Renonçons à tous les produits et composants importés, même imbriqués dans les peintures, les revêtements, les structures de nos modernes constructions. Laissons aussi partir toutes les entreprises étrangères qui produisent chez nous.

Xénotrope : Pourquoi te limiter aux importations actuelles ?

Soliae : Tu as raison. Il faut renoncer à ce qui est venu de l'étranger et de contact avec l'étranger dans le passé. Nous serons d'ailleurs bien plus pacifiques sans kalachnikov (russe), ni revolver (américain), ni même poudre à canon (d'origine chinoise). Il faudra aussi délaver les couleurs de notre quotidien, en commençant par les pastels et les pourpres.

Xénotrope : Et nos plantes et paysages ?

Soliae : Renonçons aussi à la pomme de terre, au maïs, au riz venus d'Amérique ou d'Asie, et à toutes les espèces végétales ou animales venues d'ailleurs. Il faut aussi vider nos musées des œuvres d'art étrangères : le Louvre et le British Museum rendront les momies à l'Égypte, les fresques du Parthénon à la Grèce, les Rembrandt aux Pays bas.

Xénotrope : Quid de nos produits *made in Xie*, mais avec de la main-d'œuvre immigrée ?

Soliae : Il faut y renoncer aussi. Il faudra probablement désasphalter nos routes, abattre nos vénérables monuments, antiques ou médiévaux, édifiés par des architectes et des maçons étrangers.

Xénotrope : Et nos productions agricoles récoltées par des saisonniers étrangers ?

Soliae : De même. Nous produirons nous-mêmes notre nourriture, nos médicaments, nos vêtements.

Xénotrope : Mais avec quelle technologie ? Nos instruments dépendent de matériaux et de composants étrangers. Avec quelle science ? Faut-il renoncer au théorème de Pythagore, à la physique de Galilée et à celle de Newton, à la radioactivité des Curie ? D'ailleurs, on ne peut non plus utiliser le zéro, arabe, l'algèbre, persane, l'imprimerie, d'origine allemande.

Soliae : Soyons cohérents : renoncer à l'étranger, ce n'est pas seulement renoncer aux biens matériels, mais aussi aux biens immatériels, aux théories, aux idées étrangères. Le commerce avec l'étranger était peut-être la source de notre prospérité, de notre longévité et de notre bien-être. Elle n'est pas celle de notre autonomie et de notre identité. Peut-être ne vivrons-nous pas longtemps, mais ce sera plus authentiquement. D'ailleurs, Platon critiquait les livres, qui affaiblissent notre mémoire, les médicaments, qui prolongent les maladies.

Devenons de nouveaux Robinsons, naufragés sur nos propres terres. Prenons exemple sur les Sentinelles qui vivent seulement de chasse et de cueillette. Allons vivre dans des grottes ou des arbres.

Xénotrope : Et nous voilà arrivés à la *Fable des abeilles* !

Candide : De quoi s'agit-il ?

Xénotrope : Dans une ruche, les abeilles se plaignent de l'hypocrisie des temps. Elles prônent la vertu et déplorent le vice, mais partout on trouve des policiers ou des avocats corrompus, des resquilleurs qui comptent sur la vertu des autres pour compenser leurs manquements privés. Un jour, les abeilles se réveillent vertueuses, vivant conformément aux principes qu'elles louaient publiquement la veille. Les policiers et les avocats deviennent d'autant plus irréprochables qu'il n'y a plus de crimes, ni de criminels à arrêter ou défendre. Menant une vie sportive, sans cigarette ni alcool, avec cinq fruits et légumes par jour, les abeilles, bien moins malades, se passent de médecin. Elles renoncent aussi au luxe et au superflu. Le commerce s'étiole, les industries ferment. Progressivement, la totalité de la société disparaît. Quittant la ruche, devenue inutile, les abeilles partent vivre sous l'écorce d'un arbre.

Le vice dont elles se plaignaient était en fait le ciment de leur société : contre l'opinion reçue mais trompeuse que la société reposait sur la vertu, mais était gâtée par le vice, Mandeville montre l'utilité sociale de l'intérêt, pour utiliser une terminologie contemporaine.

L'effondrement progressif d'un pays débarrassé de toute relation avec l'étranger, de tout commerce, en est l'analogue. Il montre la nécessité politique de l'étranger et des étrangers ainsi que l'hypocrisie d'une défense xénophobe d'une identité et autonomie nationales, en fait tissées de rapports avec l'étranger.

Soliae : Non, cela montre seulement l'effondrement d'une société du luxe. Vivre au creux des arbres ou dans des cabanes est d'ailleurs un modèle plus écologique.

Xénotrope : Mais cette fable de dépouillement est encore trop optimiste. Les abeilles de Mandeville formaient un groupe et avaient un arbre pour refuge. Ce ne sera pas ton cas. Car il faut encore supprimer de ton pays tous les touristes, les immigrés, légaux ou illégaux. Quid des citoyens ? Il fallait à Platon le noble mensonge de l'autochtonie pour faire croire aux gardiens qu'ils étaient nés de la terre. Sans ce noble mensonge, il faudra exclure, parmi les citoyens, tous les descendants directs ou indirects d'immigrés. À ce stade, je dois m'effacer, comme probablement la plupart d'entre vous. Il n'y aura plus d'abeille ou de population pour aller sous l'écorce d'un arbre.

Soliae : Mais ce seront au moins des arbres et un territoire Xien.

Cliophile : Rien n'est moins sûr. Car il te faut renoncer à tout droit international, privé ou public, fondé sur l'accord entre États.

Soliae : Si les autres États n'existent pas, c'est cohérent pour des solipsistes politiques.

Cliophile : Il te faut renoncer à tout droit commercial international, à celui des migrations, devenus d'ailleurs sans objet. Il te faut alléger le droit pénal de tout accord d'extradition, offrant ainsi une impunité aux criminels fuyant à l'étranger. Il te faudra supprimer le droit des conflits armés, le droit humanitaire issus d'une longue histoire de relations internationales. Bien plus, renoncer au droit international ou au droit européen, pour les membres de l'UE, c'est aussi renoncer à des pans entiers du droit national.

Soliae : Tranchons, supprimons le droit international. Et tant pis pour les pans de notre droit national qui disparaîtront aussi.

Cliophile : Mais supprimer le droit international public, c'est renoncer à être un État *de jure* et non seulement *de facto*.

Soliae : Pourquoi ? Les juristes divergent sur les critères d'existence des États. Le pays solipsiste s'appuiera sur les théories constitutives du droit international[9]. La reconnaissance est nécessaire à l'existence des États et les autres États n'existent donc que si nous le voulons bien, par notre volonté souveraine.

Cliophile : Ces théories peuvent nourrir une forme de solipsisme atténué (les autres n'existent que par notre reconnaissance), mais non secourir ton pays solipsiste. Aussi souverain soit-il, ton État a aussi besoin de la reconnaissance des autres pour exister. L'idée d'un État solipsiste qui ne serait reconnu par personne, *de facto* et *de jure*, est une absurdité juridique, même pour de telles théories.

Soliae : J'adopterai alors les théories déclaratives pour qui une telle reconnaissance n'est pas nécessaire. Notre État existera en et par lui-même.

Cliophile : En es-tu sûr ? Selon la Convention de Montevideo de 1933, un État pour exister doit respecter les quatre critères suivants : « être peuplé en permanence, contrôler un territoire défini, être doté d'un gouvernement, et être apte à entrer en relation avec les autres États ». Impossible encore de se passer des autres États pour être un État. Être un État ne peut se conjuguer au singulier, mais seulement au pluriel. On ne peut être un État seul.

Soliae : Tant pis pour le statut juridique d'État. Au moins, aurons-nous un territoire Xien.

Cliophile : À nouveau, rien n'est moins sûr. L'État est un être juridique et non naturel. Son territoire n'est pas une simple portion terrestre, mais un concept social et juridique désignant le champ de déploiement de la compétence de l'État. Il n'y a donc pas de territoire sans frontières le délimitant. Un État qui ignorerait l'étranger et les autres États ne connaîtrait pas ses propres limites territoriales. *A fortiori*, il serait privé de frontières internationalement reconnues. Sa terre ne serait pas un territoire.

CHANGER DE SIÈCLE, DE PLANÈTE ?

Soliae : Éloignons-nous donc des théories de l'État moderne. Changeons de siècle.

Cliophile : Mais il n'existe pas de royaumes, de cités, d'empires établis sans messagers ou ambassadeurs, pour négocier des reconnaissances de frontières, des trêves ou des fins de guerre. Un pays totalement isolé ne serait pas non plus une cité, un royaume ou un empire.

Soliae : Mais au moins il aura une terre.

Cliophile : Mais d'autres l'occuperont s'il n'y a pas de frontières ou d'accord au moins tacite sur ce qu'est sa terre.

Sans population ni territoire légitime, sans échanges avec d'autres pays, sans reconnaissance internationale, le pays solipsiste est une impossibilité *de facto* et *de jure*[10].

Xénotrope : Et cet isolement pourrait aussi être ta perte. Conserveras-tu ta terre si la désertification, la submersion, les tempêtes ou les incendies la rendent inhabitable ? De toute évidence, ton idée n'a pas survécu.

Soliae : Je ne rends pas les armes. Changeons alors de planète et supprimons le monde non par bribes, mais radicalement. Supposons que les solipsistes partent sur Mars. Supposons que la terre disparaisse dans une catastrophe, qu'il s'agisse d'une explosion, d'une collision avec un énorme astéroïde. Le pays solipsiste existerait dans sa navette ou sur une autre planète. Le monde ayant disparu, ce serait un pays coupé du monde.

Xénotrope : La science-fiction ne te tire pas d'affaire non plus. Car la navette spatiale et la survie sur une autre planète ne sont possibles que par un haut degré de technologie et de sciences hérité du monde disparu. Ces naufragés ne seraient pas des solipsistes, mais de nouveaux Noé et leur navette une nouvelle arche conservant des échantillons d'un monde perdu. Ils ne se seraient pas coupés du monde, mais seulement de la terre qui aurait disparu.

Tous les scénarios de science-fiction sont aussi une quête ou une chasse des Martiens ou des Aliens. Arrivés sur une planète déserte, tes solipsistes ressembleraient certainement à des naufragés de l'espace, guettant l'arrivée d'improbables Tartares, à de nouveaux Robinson en quête de Vendredi. Ils reproduiraient les mêmes comportements que sur terre, explorant des espaces pour en faire leur territoire, craignant les envahisseurs, cherchant des alliés.

Soliae : Supposons que ces Aliens n'existent pas, qu'ils soient véritablement seuls.

Cliophile : Ils ne le resteront pas longtemps, si l'on considère la tendance des groupes humains à se scinder dès qu'ils dépassent une certaine taille, celle des États à se multiplier ; plus de cent cinquante États ont été créés depuis 1945. Ces naufragés de l'espace se diviseront en divers groupes qui reproduiront rapidement les habitudes terriennes de divisions, de conflits entre pays, d'échanges d'ambassadeurs. Ils chercheront alors une autre galaxie pour se couper de la précédente !

Soliae : La question est donc : ces naufragés de l'espace sont-ils *de facto* seuls ou solipsistes ? Pouvons-nous former une société politique en étant seuls ?

CHAPITRE II

MYTHE DE L'INTÉRIORITÉ
ET SOLIPSISME POLITIQUES
DÉFINITIONS

Xénotrope : Nous avons montré l'inanité de l'expression « se couper du monde ». Cela suffit à réfuter le solipsisme politique et tout mythe de l'intériorité.

Soliae : Ce n'est pas si sûr car le solipsisme est une variété philosophique coriace. Et je n'ai pas encore abattu mes dernières cartes pour défendre sa version politique. J'ai fait fausse route en l'identifiant à l'expression « se couper du monde ». Vous m'avez trop aisément pris dans vos arguties. Mais je vous prouverai que le solipsisme politique est la vérité et le fondement même de la philosophie politique.

Xénotrope : Et comment t'y prendras-tu ?

Soliae : En revenant à la racine du solipsisme métaphysique, que j'ai trop rapidement effleuré, et en vous montrant qu'il n'y a pas de philosophie politique sans solipsisme politique, et ce, bien au-delà de ses formes les plus évidentes, comme les utopies insulaires.

Xénotrope : De quoi parles-tu alors ? D'autarcie ? D'isolationnisme ?

Soliae : Il faudrait distinguer plusieurs déclinaisons ou degrés de l'idéal d'intériorité ou du solipsisme politiques. L'insularité en est une métaphore possible, mais partielle et trompeuse. Là, je concède la justesse de vos objections. L'autarcie, qui est d'abord une théorie économique, exemplifie bien un idéal d'intériorité comme autosuffisance. Mais elle n'en est qu'une représentation imparfaite. On peut la considérer comme illusoire empiriquement, aucun pays n'ayant réussi à être entièrement autarcique. Elle est surtout ambiguë : elle peut conduire à un enfermement sur soi-même, comme à un expansionnisme pour s'emparer des biens des autres. On trouve donc la même ambiguïté dans l'autarcie que dans le nationalisme, qui peut conduire à la clôture des frontières aussi bien qu'à la conquête.

Xénotrope : Tu ne penses pas non plus au nationalisme.

Soliae : Non, on l'a vu. Ce n'est qu'une version bancale. Vous m'avez justement objecté que le nationalisme réunit des théories et des pratiques transnationales et a besoin de l'étranger pour se définir. Il y a aussi un nationalisme des diasporas ou des nationalismes expansionnistes.

Il y a d'ailleurs des défenseurs non solipsistes de la nation comme principe de légitimité politique populaire : la nation est pour eux fondée sur les échanges internationaux[11].

Xénotrope : Et l'isolationnisme ?

Soliae : L'isolationnisme est un effort de protectionnisme économique, de fermeture des frontières et d'interdiction des échanges, mais n'ignore pas la politique étrangère : elle en est d'ailleurs une doctrine, opposée à l'interventionnisme.

Ce sont là diverses formes d'un idéal d'intériorité, comme enfermement en soi, entre soi, dans ses frontières, mais aucune n'est synonyme de solipsisme politique. Car on peut être solipsiste sans être insulaire, autarcique, isolationniste ou nationaliste et on peut être insulaire, autarcique, isolationniste ou nationaliste sans être solipsiste. Il y a entre eux un air de famille. Mais la famille ne se limite pas à ces cas-là, les plus évidents de prime abord.

Xénotrope : Tu titilles ma curiosité. Je pensais que le solipsisme politique consistait en ces fantaisies d'intériorité close. Qui partage alors cet air de famille ? Je t'écoute.

Soliae : Pour te répondre, il me faut passer par des définitions et distinctions conceptuelles. Je m'excuse par avance de leur caractère rébarbatif. Appelons idéal d'intériorité ou solipsisme politique la tendance à concevoir les sociétés politiques sans tenir compte de l'étranger et des étrangers. On délibère et on décide des principes de gouvernement en se considérant seuls au monde. La politique intérieure est essentielle et la politique étrangère est inexistante ou, au plus, secondaire.

Xénotrope : Je parlerai plutôt de mythe de l'intériorité et de faire « comme si » nous étions seuls au monde.

LE SOLIPSISME MÉTAPHYSIQUE

Soliae : C'est que tu as déjà tranché en défaveur du solipsisme politique. Continuons. Le chemin des définitions est encore long et aride. Revenons d'abord au solipsisme métaphysique pour comprendre son extension politique. Vous comprendrez alors les convergences et divergences entre idéal d'intériorité et solipsisme.

Le solipsisme est une théorie ontologique et cognitive, portant sur ce qui est et ce que l'on peut connaître. Dans une version forte, je suis le seul à exister, les autres, le

monde même, n'existant que dans ma pensée et mes
représentations. Dans une version moins forte, je ne
connais que moi-même avec certitude, le monde extérieur
et les autres, s'ils existent, ne sont connus qu'à travers
mes représentations.

Le solipsisme repose sur une opposition entre
apparence et réalité. Je suis parfois victime d'illusions des
sens. La vie est peut-être un songe et le monde extérieur
aussi illusoire que mes rêves. Descartes propose donc
de douter de la réalité du monde extérieur, par un doute
systématique et méthodique, pour repousser tout ce qui
est incertain et chercher un fondement, quelque chose de
ferme et de constant dans les sciences[12].

Or, dans toutes ces illusions, je peux me tromper
sur l'objet de la sensation et sa réalité, mais non sur le
fait que j'éprouve cette sensation : cette licorne n'existe
peut-être pas, mais il est sûr que je la vois. Seule ma
pensée, mes représentations subjectives sont certaines.
L'expérience subjective est le domaine de la certitude :
ma certitude intérieure est critère de vérité puisque je ne
peux me tromper sur moi-même et mes représentations ;
il suffit que j'éprouve une sensation pour la connaître,
ce qui la distingue des objets physiques. Mon expérience
subjective est aussi source de signification : je connais le
sens des mots par mes idées ou images intérieures.

Dans une telle conception, mes pensées sont privées.

Candide : Privées de quoi ?

Soliae : Pardon d'employer ce jargon, je voulais dire
propres à moi, comme on parle de propriété privée, par
opposition à public. Mes pensées sont doublement privées,
dans leur essence et dans leur connaissance. Elles sont ma
propriété exclusive, je suis le seul ou la seule à les avoir.
Je suis aussi le seul ou la seule à les connaître, j'ai un accès

direct, infaillible à mes propres pensées. Par cette double exclusivité de la possession et de l'observation, elles sont inaliénables et incommunicables : les autres – s'ils existent – ne peuvent ni les avoir ni les connaître, à moins d'être moi. Infaillible, ma connaissance de moi-même et de mes pensées est également incorrigible : si je sens que j'ai mal, personne ne peut dire que je me trompe. Ce rapport à soi-même est la première caractéristique de ce solipsisme.

Xénotrope : Et quel est le rapport aux choses, au monde physique ?

Soliae : C'est la deuxième caractéristique du solipsisme. Il y a un dualisme entre la subjectivité dont le sujet a une connaissance directe, et le monde physique, connu indirectement, par raisonnement. Si telle sensation est toujours associée à tel objet, peut-être l'objet existe-t-il et est-il cause de ma sensation. Cette opposition est aussi celle de l'intériorité et de l'extériorité, du for intérieur et du monde extérieur, deux domaines hétérogènes.

Xénotrope : Et autrui ?

Soliae : C'est la troisième caractéristique. Il y a une asymétrie entre le rapport à soi-même et à autrui. L'existence d'autrui est doublement douteuse : son corps ne m'est connu qu'indirectement comme les autres corps ; et son esprit, s'il existe, m'est inaccessible et impénétrable.

On peut distinguer plusieurs degrés de solipsisme envers autrui : dans une forme radicale, je suis le seul à exister, ni le monde des corps, ni les autres esprits n'existent ; dans une forme dualiste, seul existe mon esprit et un monde de corps connus indirectement, les autres esprits n'existent pas et se réduisent à des corps, de la simple nature, sans privilège sur les autres corps, rochers, herbes ou machines. Ce dualisme peut être un objectivisme ou un naturalisme. Au mieux, si d'autres esprits existent, leurs pensées ne me sont accessibles que par analogie : si je vois quelqu'un pleurer ou hurler, je supposerai qu'il a mal par comparaison avec moi-même.

Xénotrope : Le solipsisme et le mythe de l'intériorité[13] sont-ils la même chose en définitive ?

Soliae : C'est en distinguant ces degrés de doutes que l'on peut repérer une distinction entre idéal d'intériorité et solipsisme. Parler d'intériorité correspond à une version dualiste opposant une intériorité, subjective, privée, assurée, et une extériorité, objective, publique, incertaine. Dans une version radicale où je suis le seul à exister, je n'ai plus de limites : le monde est mon monde, les limites du monde sont les limites de ma conscience, le monde n'existant pas hors de ma représentation. La métaphore de l'intériorité devient inutile puisque ma conscience est coextensive au monde, n'ayant plus d'extériorité.

Xénotrope : Mais une telle conception métaphysique n'a pas de rapport avec la politique.

ANALOGIE AVEC LE SOLIPSISME POLITIQUE[14]

Solitrope : Tout à fait, je n'ai fait que brosser un idéal type du solipsiste métaphysique ou épistémique qui emprunte à Descartes, à Locke, voire aux philosophes qui l'ont critiqué comme Wittgenstein ou Ryle. Sur ce modèle, on peut parler d'un idéal d'intériorité politique et par une relative innovation conceptuelle, de solipsisme politique. Je parle d'innovation relative car l'expression « solipsisme politique » a déjà été utilisée pour désigner l'isolement de l'individu coupé de la société politique[15] ou l'isolement d'une entité politique à l'égard des autres. Il est alors question de solipsisme national[16] ou de solipsisme étatique[17]. Mais ces références au solipsisme en politique restent sporadiques et non systématiques. Elles relèvent davantage de la métaphore que d'une théorie spécifique.

Repartons de l'ébauche de définition déjà donnée : j'entends par solipsisme politique une conception du fondement des sociétés politiques où nous nous considérons comme seuls au monde et ignorons totalement l'étranger et les étrangers. Nous élaborons la politique intérieure indépendamment de la politique étrangère, qui est, tout au plus, secondaire.

Je dis « nous » car le solipsiste métaphysique se dit seulement au singulier tandis que le solipsisme politique se dit au pluriel car il suppose une pluralité d'individus réunis dans une société politique, une communauté, un pays, un État, comme il vous conviendra de l'appeler. Les solipsistes politiques sont donc seuls (*soli*) et seules (*solae*) au monde.

L'analogie avec l'intériorité subjective est aisée et peut être déclinée selon que l'on considère le pays, ses membres ou son territoire. Concernant ses membres, c'est en nous-mêmes que nous trouvons nos normes de vérité, de signification et de justice. Comme le solipsiste métaphysique, nous sommes les seuls à posséder les propriétés qui font de nous des Xiens, nous sommes les seuls à pouvoir les connaître et les comprendre. Cet entre-soi est sûr et assuré, source de certitude.

D'ailleurs, notre pays, indépendant et souverain, est source de ses normes, infaillible et incorrigible : n'étant soumis à aucune norme supérieure ou extérieure, personne ne peut le contredire, ni le corriger : tout ce qu'il considère comme légitime est légitime. Par une analogie entre individu et État, le sujet étatique est aussi souverain que le sujet solipsiste, tous deux se fondant sur la certitude de leurs normes intérieures. L'État est un super sujet, existant en soi, par soi et pour soi. Cette conception a triomphé en philosophie politique et même dans le droit international avec les théories de la souveraineté.

Xénotrope : Cela vaut pour la première caractéristique, le rapport à soi-même, si je t'ai bien suivi. Et pour la seconde, le dualisme de l'intérieur et de l'extérieur ?

Soliae : Tout à fait. Ce dualisme entre l'intérieur et l'extérieur a son équivalent politique. Il faut opposer notre for intérieur au monde extérieur et à l'étranger. Nous sommes chez nous à l'intérieur de nos frontières et de notre territoire. Il y a une coupure forte entre nous et les autres, entre l'intérieur et l'étranger qui est à l'extérieur de notre territoire. Notre territoire contient notre société comme un contenant[18].

L'analogie avec le mythe de l'intériorité subjective puise aussi aux racines de la certitude : car être certain, être sûr c'est aussi être assuré, en sécurité. Le sûr et l'assuré ne s'opposent pas seulement à l'incertain, mais aussi au dangereux. L'assurance comme sécurité est une dimension fondamentale de cette intériorité. Replier mes sentiments personnels dans mon for intérieur, les considérer comme inaccessibles à autrui, c'est autant être sûr de moi-même que me soustraire à l'emprise d'autrui dans des domaines où les divergences d'opinions pourraient être fatales, comme celles de croyances religieuses. C'est d'ailleurs au moment des guerres de religions que ce repli sur l'intériorité s'est imposé comme une exigence épistémique et politique. Notre sécurité est fondée sur un emboîtement d'intériorités : le repli dans l'intériorité subjective dans le cadre d'un repli dans l'intériorité étatique assure la paix civile sans guerre de religion et la paix extérieure avec les autres États. Hobbes peut être vu comme son initiateur théorique[19].

Xénotrope : Et concernant la troisième caractéristique, le rapport à autrui ?

Soliae : Le solipsisme politique nie l'existence des étrangers et pays étrangers. Dans une version forte, nous sommes les seuls à être ou à avoir un pays. À l'extérieur, nous n'avons affaire qu'à un monde objectif, naturel, sans homme. D'autres contrées sont des terres vierges ou *res nullius*. D'autres sociétés n'existent pas ou sont réductibles à la nature.

Nous pouvons donc faire de ces territoires notre propriété inaliénable, transparente à nos volontés. Dans notre rapport solipsiste au territoire, nous sommes les seuls maîtres de ses ressources. C'est une forme d'objectivisme ou de naturalisme : hors de nous, de notre pays, domaine de la culture, du droit et des normes, il n'y a que des objets, de la nature, au mieux des bêtes ou des barbares, proférant de simples sons, indignes du titre de langage.

Plus largement et dans une version atténuée, il y a une asymétrie fondamentale entre le rapport à nos compatriotes et le rapport aux étrangers (si tant est qu'ils existent). Le « nous » est un royaume privilégié, secret et inaccessible. Nous nous comprenons directement entre nous, sans intermédiaire, alors que les étrangers en sont incapables, étant d'ailleurs distants et étranges. Cette asymétrie correspond à une différence fondamentale des devoirs envers nos compatriotes et envers les autres.

Xénotrope : Tu ne parles là que des étrangers en tant que personnes et non des pays étrangers ?

Soliae : On peut en dire autant pour les pays qu'un expansionnisme annexerait. Si d'autres existent hors de nous, leur existence ne dépend alors que de nous et de notre bon vouloir. Les théories volontaristes de l'État et les théories constitutives en droit international peuvent en être des manifestations : l'existence d'autres États dépend de notre reconnaissance et n'a aucune réalité factuelle indépendante de notre volonté.

VERSIONS FAIBLES ET FORTES DU SOLIPSISME

Xénotrope : Tu distinguais différentes versions faibles et fortes du solipsisme métaphysique. Tu fais donc de même pour sa version politique.

Soliae : Oui, tout à fait. Selon une version faible, l'opposition entre l'intérieur et l'extérieur est fondamentale : nos frontières sont essentielles à notre existence, à notre protection. Le solipsisme est alors un repli dans l'intériorité. Ce dualisme entre l'intérieur et l'extérieur peut avoir trois déclinaisons.

Dans la version la plus évidente, le dualisme de l'intériorité et de l'extériorité est une opposition, voire un antagonisme, entre eux et nous : nous opposons notre intériorité, sûre, assurée, à un étranger et des étrangers, peu sûrs, voire inquiétants et hostiles. L'autarcie, le protectionnisme, l'isolationnisme et le nationalisme prônant l'enfermement dans ses frontières relèvent d'une telle conception de l'intériorité. C'est une version faible du solipsisme car elle suppose l'existence des autres : se replier sur une intériorité, c'est reconnaître l'existence d'une extériorité. On ne veut pas avoir affaire aux autres, on les tient à distance, mais ils existent. Ce type de solipsisme privilégie l'armée ou la garde des frontières.

Xénotrope : C'est la version la plus évidente du mythe de l'intériorité politique. Tu suggérais précédemment qu'il y en a d'autres.

Soliae : Oui, moins évidentes, mais tout aussi importantes. Selon une seconde version de ce dualisme, compatible avec la première, l'important est moins l'opposition ou l'antagonisme que la séparation et l'étanchéité entre intérieur et extérieur, entre politique étrangère et politique intérieure.

Nous sommes souverains et l'extérieur n'impose aucune contrainte décisive sur l'intérieur. Et certainement pas de normes. À cette vision, se rattachent les conceptions des relations internationales comme un état de nature, sans normativité. Au mieux, les États coexistent dans une séparation claire entre une intériorité souveraine, source de normes, et d'autre part un extérieur anarchique, même s'il ne débouche pas sur la guerre.

Cliophile : Et quelle est la place du droit international dans cette conception ?

Soliae : Le droit international n'y est qu'un droit secondaire, non contraignant, au service de la souveraineté des États. Ce n'est pas un droit réel ou réellement un droit puisque les États sont entre eux dans un état de nature[20]. Il est au mieux une norme extérieure réglant les relations entre les États. On peut enlever l'extérieur aussi bien que le droit international, sans que notre construction politique intérieure en soit affectée.

Xénotrope : Cette étanchéité suppose-t-elle une hétérogénéité entre l'intérieur et l'extérieur?

Soliae : Non, pas nécessairement. Cette étanchéité peut aussi être une manière de cerner la politique intérieure, sans supposer une hétérogénéité entre intérieur et extérieur. Elle peut être de méthode. Les étrangers sont ignorés, mais non niés ou rejetés. On sait qu'ils existent, mais on fait comme s'ils n'existaient pas. Il s'agit là d'un solipsisme *méthodologique* qui vise à séparer la politique intérieure (première) de la politique extérieure (secondaire). Ainsi, les théories du contrat social n'envisagent la relation à l'étranger qu'une fois le contrat établi entre nous. « Après avoir établi les vrais principes du droit politique », le *Contrat social* de Rousseau se clôt sur l'évocation des relations externes, allant du droit international au commerce, pour reporter l'étude de ce « nouvel objet » à plus tard[21]. La position originelle de John Rawls est emblématique d'un tel solipsisme méthodologique : elle occulte toute extériorité des autres pays et tout rapport à l'étranger[22]. Placés sous voile d'ignorance, les délibérants sont comme en vase clos et ne se soucient pas de guerre, de politique étrangère ou de commerce international. À la différence de Platon dans les *Lois*, ils n'interdisent ou ne restreignent pas l'émigration, l'immigration ou le commerce avec l'étranger. Bien mieux, ils les ignorent. Vous le voyez, le solipsisme est au fondement du contractualisme.

Xénotrope : Le solipsisme politique peut-il être radical et sans dualisme?

Soliae : Tout à fait. Une troisième version, celle du naturalisme et de l'objectivisme, accentue cette conception d'un état de nature extérieur. Dans une version atténuée de ce naturalisme, le rapport à l'étranger et aux étrangers est accepté (on ne cherche pas à le nier), mais conçu comme une contrainte naturelle : chaque pays doit s'adapter à des contraintes, il y a des frontières montagneuses ou maritimes, des climats désertiques ou polaires. Parmi ces contraintes, il y a les étrangers et les pays étrangers, mais qui ne sont pas considérés différemment de contraintes naturelles.

Ce naturalisme ou objectivisme peut conduire à un solipsisme radical : puisqu'en dehors de nous, il n'y a que de la nature, il n'existe que nous et notre pays. Dans cette version radicale, on délibère sans se poser la question de sa propre limitation, il n'y a plus d'opposition entre intériorité et extériorité, entre eux et nous. On délibère comme si les limites de notre monde, de notre population et de nos principes politiques n'étaient que celles du monde.

Candide : Je suis perdu dans toutes ces versions. Peux-tu les récapituler ?

Soliae : Oui bien sûr. On est passé d'une version faible d'opposition, voire d'hostilité, entre intérieur et extérieur, à une étanchéité entre intérieur et extérieur, entre deux domaines hétérogènes (dans une vision des relations internationales comme état de nature) ou simplement séparés par méthode, à un objectivisme ou naturalisme où, hors de nous, il n'y a que de la nature. Le solipsisme, pour qui le monde est son monde, n'a alors plus besoin d'opposer intériorité et extériorité.

Cliophile : En fait de solipsisme, tu défends le racisme et le colonialisme, notamment à travers ce naturalisme. Comme ton solipsisme, le racisme déshumanise les autres jusqu'à leur dénier la qualité d'humains. L'imaginaire de la terre vierge ou le concept de *terra nullius* ont contribué à la colonisation, à l'expropriation et à l'extermination des peuples autochtones, à l'exploitation des territoires et des non-humains qui y vivaient aussi.

Solipsisme ontologique ou logique

Soliae : Je ne mésestime pas cette objection. Si tu m'avais bien compris, tu verrais que cette gradation ne correspond pas à des degrés d'hostilité à l'étranger. Un nationaliste guerrier est moins solipsiste qu'un solipsiste méthodologique pacifique.

C'est la forme logique du problème que je pose. On pourrait d'ailleurs établir deux gradations, l'une ontologique, l'autre logique. Suivant une gradation ontologique, on va de la négation pure de l'existence des autres, puis à l'idée que leur existence ne dépend que de moi, puis à la reconnaissance de leur existence, vue comme séparée de la mienne, voire comme une menace. Cette existence peut simplement être mise entre parenthèses méthodologiques. À l'autre extrême de cette gradation ontologique, on trouve l'idée que les pays existent par les autres et par le droit international, voire l'idée d'un pays qui existe seulement par eux.

Dans cette gradation ontologique, le contractualiste est bien moins solipsiste que le nationaliste qui a besoin d'une intériorité et d'une séparation ontologique ou existentielle entre eux et les autres. Le nationaliste extrême ne peut pas vivre avec les autres. Tel n'est pas le cas du solipsiste méthodologique.

Xénotrope : Mais nous avons réfuté ton solipsisme ontologique en montrant que ton pays solipsiste ne pouvait exister.

Soliae : J'ai entendu vos objections et je défends donc sa forme logique et non plus ontologique. Dans une gradation logique, en revanche, le solipsiste méthodologique est plus proche du solipsiste radical, car tous deux raisonnent comme si les autres n'existaient pas. L'existence des autres ne joue aucun rôle dans leur raisonnement et leur construction politique.

Un critère du solipsisme logique est la place des institutions tournées vers l'étranger et les étrangers dans une théorie politique. Un solipsiste méthodologique comme Rawls se soucie aussi peu de l'armée qu'un solipsiste radical. Les institutions de base de la théorie de la justice ne comportent ni armée, ni ambassade, ni politique étrangère ou service de coopération, d'immigration ou d'intégration. Dans une gradation logique, je classe donc les théories selon la place qu'elles accordent aux institutions tournées vers l'étranger ou le droit international. Le solipsisme méthodologique rawlsien y suivrait le solipsisme radical et serait, dans cette gradation, bien plus solipsiste que le nationaliste obsidional et protectionniste qui consacrerait la quasi-totalité de son budget à l'armée, à la lutte contre l'immigration clandestine et à la fermeture de ses frontières. Lui ne peut raisonner sans l'étranger ou sans une opposition entre ami et ennemi comme fondement de la politique. Toutefois, le nationaliste obsidional reste encore tributaire d'un idéal d'intériorité logique (et non seulement ontologique), car il pense pouvoir isoler les institutions tournées vers l'extérieur de celles tournées vers l'intérieur.

Dans cette gradation logique, du plus au moins solipsiste, on passe des théories qui n'accordent aucune place au raisonnement sur la politique étrangère, le droit international et les étrangers, à celles qui les envisagent pour maintenir une coupure étanche entre l'intérieur et l'extérieur, jusqu'à celles qui envisagent toutes leurs institutions nationales sous l'angle de leurs implications étrangères ou internationales, avec à l'extrême un pays n'existant que par le droit international et l'étranger.

UNE QUESTION DE POUVOIR ?

Pentagone : Tu as peut-être sauvé le solipsisme politique d'une identification avec le racisme et le colonialisme, mais ton point de vue logique a un prix. Le pouvoir est étrangement absent de ton tableau. N'est-ce pas pourtant le cœur de la philosophie politique et de la pratique des pays, empires, ou États ?

Soliae : Tu as raison de le souligner, mais la politique vue comme relation de pouvoir, stratégie et antagonisme est loin d'être absente. On l'a vue apparaître maintes fois à travers la peur de l'agression ou à travers l'expansionnisme.

Pentagone : Certes, mais n'est-ce pas là une limite de ton analogie avec le solipsisme métaphysique ?

Soliae : Non, car le solipsisme métaphysique est aussi le produit du volontarisme et d'une affirmation de soi, comme le solipsisme politique. La toute-puissance de la volonté lui permet de nier les évidences empiriques, voire les évidences mathématiques. C'est une manifestation du solipsisme politique que de pouvoir décider souverainement de programmes politiques contraires aux données scientifiques. On a ainsi pu décider de génétiques alternatives et non bourgeoises[23].

Xénotrope : Tu donnes des exemples de pouvoirs dictatoriaux. Pourrais-tu en dire autant de la souveraineté populaire en démocratie ?

Soliae : *Mutatis Mutandis*, on peut leur appliquer les mêmes analyses. La toute-puissance de la volonté permet de nier les évidences empiriques et scientifiques : puisque le peuple l'a décidé, cela doit être. Il n'y a nulle norme au-dessus de la voix du peuple.

Xénotrope : Pourtant, ce n'est pas parce que des concitoyens en ont décidé démocratiquement que leurs décisions sont possibles et applicables : ils peuvent voter que 2 et 2 font 5, cela ne changera pas les vérités mathématiques. Les peuples peuvent voter pour des programmes climato-sceptiques, cela ne changera pas pour autant les lois de la physique.

Soliae : Tu peux préférer les vérités scientifiques, les solipsistes préfèrent l'affirmation de leur liberté, même dans l'opposition à la science.

Pentagone : Mais tes classifications et gradations s'appliquent-elles au pouvoir ?

Soliae : On peut établir une gradation du pouvoir qui irait de stratégies de défense et de repli par peur des autres à l'affrontement avec l'ennemi, puis à un expansionnisme.

Xénotrope : Le solipsisme mène donc à une conquête où l'on s'installe chez les autres ? À nouveau, tu justifies le colonialisme et l'expansionnisme militaire.

Soliae : C'est possible, mais ce n'est pas la seule conclusion logique : des solipsistes politiques radicaux et cohérents ne peuvent ni avoir d'armée, ni définir un ennemi.

L'expansionnisme militariste semble aussi peu logique qu'un solipsiste paranoïaque. Il faudrait qu'il ait peur de son ombre !

Vois-tu, les bons sentiments ne font pas toujours de la bonne philosophie. On accusait Machiavel d'immoralité car il disait la vérité de la politique, celle d'un pouvoir qui suivait sa propre logique et non la morale. Tu fais le même contresens me concernant. Comme Machiavel révélait la vérité cachée de la politique, je révèle la vérité cachée de la philosophie politique qui repose sur le solipsisme politique, que cela te plaise ou non. Il y a des solipsistes racistes et colonialistes, d'autres pacifiques. Tu peux préférer les seconds aux premiers, mais accuser le solipsisme politique des pires atrocités ne suffit pas à le réfuter. C'est pourquoi il faut distinguer une formulation logique, une formulation ontologique et une formulation polémique du problème : elles peuvent se recouper sans se correspondre terme à terme. Je peux défendre une forme logique sans endosser ses formes ontologiques ou ses dérives meurtrières. Il faudrait décliner…

Candide : Encore des déclinaisons et des distinctions ! Où veux-tu nous mener ?

DES SOLIPSISTES QUI S'IGNORENT

Soliae : J'en avais appelé à votre patience et je ne peux que la saluer. Il s'agissait de rendre crédible le parallèle entre solipsisme métaphysique et solipsisme politique, au-delà d'une simple métaphore de l'enfermement. Car le solipsisme politique est difficile à identifier et j'espère que mes classifications ont aidé à le faire. Il y a en effet une différence importante entre les types de solipsistes : c'est leur conscience de l'être. Le solipsisme métaphysique se revendique tel et se nourrit du doute. En revanche, le solipsisme politique ne naît pas du doute, mais d'une tranquille certitude. C'est un solipsisme qui s'ignore, considérant comme normale la primauté de la politique intérieure et l'absence de l'étranger. Il fallait d'abord le mettre au jour.

Candide : Mais pourquoi ?

Soliae : Pour quel bénéfice ? Par ces classifications, j'ai montré que la philosophie politique en son entier se fondait sur une forme ou une autre de solipsisme politique. En dépit de leurs divergences, les grands noms de la philosophie politique en sont des déclinaisons, qu'il s'agisse de Platon, Aristote, More, Hobbes, Rousseau, Hegel ou Rawls. Un premier acquis est de montrer que le solipsisme politique n'est pas l'apanage du nationalisme, du protectionnisme ou de l'isolationnisme.

Xénotrope : Finalement, tu défends la nation et le nationalisme en montrant qu'on les critique pour des travers qui sont l'apanage du solipsisme politique.

Soliae : Ce n'est pas ma conclusion. Je m'en tiens à un point de vue logique pour souligner les faiblesses aussi bien du nationalisme que de ses critiques. Les nationalistes se trompent lorsqu'ils se prétendent des solipsistes autosuffisants, alors même que leur nationalisme dépend d'une altérité. Les critiques du nationalisme sont insuffisantes lorsqu'elles l'identifient d'emblée à un solipsisme. Encore faut-il montrer comment le nationalisme produit un enfermement ou une négation des autres. Cette identification entre nationalisme et solipsisme est surtout fâcheuse car elle empêche de déceler l'extension du solipsisme au-delà du nationalisme.

Xénotrope : Tu le vois donc où ?

Soliae : Je l'ai bien sûr montré dans les grandes théories politiques déjà bien connues, comme celles de la souveraineté ou le contractualisme. Le solipsisme politique se trouve aussi là où on ne l'attend pas. J'ai mis en évidence de nouvelles figures comme sa version méthodologique. Le solipsisme politique peut même se loger dans l'universalisme ou le cosmopolitisme d'un État mondial, dans l'oubli du passé ou dans le libre-échange.

Xénotrope : Voilà qui est plus étonnant. Peux-tu préciser ?

Soliae : Les solipsistes politiques cohérents ne connaissant pas de principe d'autolimitation, peuvent être universalistes et non particularistes ou nationalistes. C'est tout le problème de théories universalistes dans leur principe qui raisonnent comme si leurs principes de gouvernement pouvaient s'appliquer à tous. On délibère comme si l'on était sans caractéristiques particulières et comme si l'on était seul. C'est ainsi que procède le contractualisme de John Rawls dans *La Théorie de la justice* : sous voile d'ignorance, nous ne savons rien de nos particularités naturelles ou sociales et sommes de purs êtres rationnels. C'est alors par miracle qu'une fois le voile d'ignorance levé, nous nous retrouvons seulement en Xie et entre Xiens, ou en France et entre Français[24]. Un tel heureux hasard tient pour acquis au moins trois présupposés ou circonstances de la justice, qui ne tiennent nul compte de l'étranger :

1. Nous délibérons entre nous, l'existence même du groupe humain et sa délimitation étant présupposées sans tenir compte de possibles autres.
2. Il n'y a pas d'étrangers dans ce groupe.

3. Nous délibérons sur un territoire, ce qui suppose que le territoire terrestre existe matériellement; qu'il est délimité et que nous avons le droit d'y être, cette légitimité étant supposée, sans rendre de compte à personne.

Xénotrope : C'est effectivement ce que Rawls place dans les circonstances de la justice : de nombreux individus coexistent ensemble, en même temps, sur un territoire géographique déterminé[25]. Mais, déterminé comment et par qui, on se le demande? Le solipsisme se loge bien dans cette délimitation du groupe humain et du territoire.

Candide : Mais tu parlais d'un pays n'existant que par le droit international. Il échappe bien au solipsisme, n'est-ce pas?

Soliae : Bien vu. Il y échapperait s'il avait un sens. Pour moi, c'est une parfaite absurdité. Mais n'était-ce pas ce que proposait Xénotrope au début de nos échanges? Dans ma grande générosité, je lui fais une place dans mes classifications. Tu vois, Xénotrope, tes lubies ne sont au mieux qu'un sous-produit d'une théorie du solipsisme politique!

Xénotrope : Mais tu te contredis : dans tes classifications politiques, il y a bien place pour des théories politiques fondées sur l'international et l'échange avec l'étranger? Tu vois donc que le solipsisme politique n'est pas la racine de la philosophie politique.

Soliae : Effectivement, je vous présente un tableau systématique des théories existantes ou possibles. Certaines prétendent être internationalistes ou altruistes. Mais, elles se déduisent également d'une théorie du solipsisme politique. De plus, le solipsisme est leur condition d'existence. Même le contractualisme internationaliste de Kant trouve son fondement dans un contrat national solipsiste : ce n'est que lorsque l'on a délibéré seulement entre soi au niveau national que l'on se tourne vers les autres. Sans cette capacité à ignorer les étrangers, on fait de la morale, pas de la politique.

Cliophile : Je te suis jusque-là, sans nécessairement t'approuver, mais je ne vois pas le rapport entre ce solipsisme et l'oubli du passé que tu as mentionné ? Et puis comment vivre sans histoire ?

Soliae : Effacer le passé est une condition pour n'avoir affaire qu'à soi-même. Car le passé serait celui d'autres humains nous ayant précédés, avec qui nos ancêtres (ou nous-mêmes) auraient précédemment échangé, que nous avons persécutés ou asservis ou qui nous ont persécutés et asservis. Explorer le passé, serait reconnaître les relations à d'autres que nous. Ce serait ouvrir la voie des récriminations et réparations infinies qui annihileraient notre indépendance initiale et fondatrice. Mieux vaut l'amnésie ou l'amnistie. C'est d'ailleurs ce qu'ont bien compris les contractualistes avec leur fiction d'un état de nature ou d'un voile d'ignorance : ils se montrent à nouveau d'authentiques solipsistes.

Cela ne nous oblige d'ailleurs pas à vivre sans histoire : tirons les leçons du nationalisme. On peut s'inventer un passé, pourvu qu'il soit seulement le nôtre et celui de nos ancêtres.

Cliophile : Mais comment peux-tu être solipsiste alors que tu parles sans arrêt des autres qui peuplent le passé ou l'étranger ? N'est-ce pas te contredire ?

Soliae : Les solipsistes métaphysiques aussi peuvent parler des autres, pourvu qu'ils soient leur création ou leur dépendance. De plus, je n'ai rien contre l'existence et le souci des étrangers en morale. Je maintiens simplement qu'ils n'ont pas leur place en philosophie politique.

Cliophile : Et tu parlais d'un État mondial ou de libre-échange ?

Soliae : J'entends la lassitude de certains, remettons cela à plus tard.

CHAPITRE III

PEUT-ON RÉFUTER LE SOLIPSISME POLITIQUE ?

Xénotrope : Nous t'avons longuement écouté. Avant-hier, nous avons réfuté ton solipsisme politique dans sa forme ontologique : ton pays solipsiste ne peut exister. Tu t'es replié hier sur sa forme logique. C'est donc elle qu'il reste à réfuter.

Soliae : Le solipsiste métaphysique est réputé irréfutable. Vous êtes loin d'avoir gagné la partie.

Xénotrope : Inspirons-nous d'abord des réfutations du solipsisme métaphysique. Plusieurs voies sont envisageables. Ce solipsisme peut être empiriquement faux, impossible *de facto* ou *de jure*, voire contradictoire. Il peut aussi être dépourvu de sens et le solipsiste réduit au silence.

RÉFUTATION EMPIRIQUE

Cliophile : La réfutation empirique semble la plus aisée. Commençons par là. Le solipsisme politique s'expose à une triple objection historique, anthropologique et juridique.

Aucune société politique ne s'est élaborée ni ne vit sans échanges internationaux, qu'ils soient économiques, politiques ou diplomatiques. Aucun système d'autarcie n'a été effectif. Les cités antiques ou médiévales vivaient de leurs relations. Il y avait au Moyen Âge une histoire mondiale de l'Xie, de la France et des autres pays[26]. De surcroît, aucun pays (royaume ou empire) ne s'est institué ou maintenu sans émissaires, ambassadeurs et sans politique étrangère. C'est encore plus manifeste pour les États modernes : il n'y a pas d'État sans reconnaissance internationale par d'autres États, à tout le moins, sans capacité à entrer en relation avec eux.

Aucune société n'ignore ni n'a ignoré la place ou la visite possible de l'hôte ou de l'étranger en son sein. Aucun pays ne s'est constitué sans migration de populations et les États nations sont aussi des creusets. Ces phénomènes consubstantiels de l'existence des sociétés politiques sont encore accentués depuis le XXᵉ siècle. Triste marque des temps modernes, les déplacements de populations et les massacres politiques sont devenus des phénomènes si massifs qu'ils affectent l'existence et la constitution des sociétés politiques. Quant au réchauffement climatique, il fera probablement des migrations un phénomène massif, chronique, et non résiduel, même dans des sociétés bien gouvernées et en paix avec leurs voisins. Les sociétés politiques supposées dans ce mythe de l'intériorité sont dépourvues de plausibilité empirique.

Soliae : Tu répètes tes arguments d'avant-hier.

Cliophile : Certes, mais je les enrichis et en tire les conséquences positives et non plus négatives. Nous t'avons montré l'impossibilité du pays solipsiste. Tu prétends qu'un pays existant par l'étranger et l'international serait une illusion ou une fable morale. Eh bien, ne réfléchis pas, contente-toi de regarder[27]. Décris ce pays, cette rue, cette pièce.

Ton rêve de pureté solitaire nous a ouvert les yeux. Sans l'étranger et les étrangers, sans le droit international, nous ne serions pas un État ; nous n'aurions ni frontières reconnues, ni territoire. Regardons et nous verrons les biens et composants étrangers dans notre quotidien, le produit du travail des immigrés dans nos bâtiments, même les plus vénérables.

Nous vivons d'échanges empiriques, mais aussi juridiques. Ni café, ni thé dans nos tasses, sans transports ni traités internationaux. Considérons l'ensemble des accords que *nous* avons signés et ratifiés avec d'autres États : accords internationaux sur le café, sur le transport maritime ou terrestre… C'est à donner le vertige. Le droit international est dans nos assiettes[28].

Il faudrait des traités entiers sur les apports étrangers, scientifiques et technologiques, pour décrire l'origine et le fonctionnement de nos ordinateurs et autres objets usuels. Regardons aussi les accords juridiques internationaux pour que ces produits reçoivent des brevets ou une propriété intellectuelle.

Regarde nos campagnes : combien de siècles d'agriculture, d'élevage a-t-il fallu pour les façonner ? Combien d'importations de plants et de semences ?

Notre société, notre État sont une tapisserie tissée par nous et par d'autres où l'on ne peut distinguer ce qui est propre ou étranger. L'international commence à la maison[29]. Ce n'est pas quelque norme ou réalité transcendante, ou extérieure, c'est nous-mêmes.

Soliae : Et notre indépendance, une chimère ?

Cliophile : Notre indépendance se fonde donc sur nos interdépendances. Ne nous laissons pas tromper par l'autarcie obsidionale de l'Albanie sous Enver Hodja ou de la Corée du Nord. Certes, leurs dirigeants empêchent les contacts avec l'étranger, punissant les familles de ceux qui émigrent. Certes, ils limitent les échanges internationaux, mais la Corée bénéficie d'une technologie nucléaire qu'elle n'a pas inventée.

De surcroît, un tel isolement n'est possible que par un héritage international antérieur qui a permis la création de leur État, sa reconnaissance et celle de leurs frontières. Ils ne sont pas des isolats séparés d'une société internationale. Ils en sont simplement des partenaires ordinaires et peu liants, comme peut l'être un voisin de palier qui, bien que distant, partage avec nous les mêmes règles de copropriété.

Au mieux, dans leur rêve d'isolement, ils sont semblables à ces anachorètes qui, en se retirant du monde, continuent à jouer un jeu social et à occuper une place socialement reconnue dans ce monde-ci[30].

Quant à l'indépendance des Sentinelles et de leur île, elle dépend autant de leur réputation de férocité que de la protection des autres : sans frontières reconnues, avec leurs flèches pour toute défense, ils doivent surtout leur sécurité à la vigilance distante et bienveillante de l'État indien et à son respect de la pluralité des formes de vie. La proximité de leur mode de vie avec celle des autres groupes des îles Andaman manifeste que leur isolement s'inscrit aussi dans une socialité plus large.

Hexagone : Et supposez que nous soyons français, britanniques, états-uniens, néerlandais, la nécessité de l'international et de l'étranger serait plus manifeste encore. Ma malheureuse tentative de découper la mappemonde l'a montré. Impossible pour ces pays d'imaginer s'enfermer sur leur métropole, à moins de s'amputer des territoires d'autres continents. Impossible d'envisager une unité de territoire ou de gouvernement sans transport international de directives, de fonctionnaires, de devises ou de courriers. Regardez l'ensemble des technologies et des règlementations maritimes, terrestres, aériennes requises pour traverser les pays, les mers, les espaces aériens afin que la France soit la France. Regardez combien de pays il faut survoler, parcourir pour relier Paris à la Réunion en Afrique, à Saint Martin en Amérique centrale, à la Guyane en Amérique du Sud, à la Polynésie française en Océanie, aux Kerguelen en Antarctique. Et combien d'autres encore pour relier ces divers territoires français entre eux. Regardez tous les accords internationaux nécessaires à ces voyages et transferts. S'il y a des pays n'existant que par le droit international et par l'étranger, ce sont bien eux.

Cliophile : Grâce à toi, Soliae, nous avons donc progressé. Tu as d'abord imaginé un pays sans rien d'étranger ni d'international (et avec quel résultat). Tes classifications ont donné une place logique à l'idée inverse : un pays qui existerait *seulement* par sa politique étrangère, l'étranger et le droit international. En un sens large, c'est le cas de tous les États pour leur reconnaissance et leur vie quotidienne. En un sens restreint, il semblait qu'il fallait inventer une nouvelle idée, un nouveau genre de pays. Ce qui semblait une élucubration de philosophes se révèle une simple évidence. Pour voir un tel pays, il nous suffit de regarder : ce pays-là, ce pourrait être le nôtre ; ce sont tous les pays sans continuité territoriale et dont l'unité suppose la traversée d'autres pays. Le pays solipsiste ne peut exister ; son contraire, au premier abord si étrange, le peut.

Xénotrope : Les solipsistes politiques sont donc impossibles *de facto*.

Soliae : Vous avez gagné une manche, mais vous êtes bien naïfs si vous pensez avoir gagné la bataille. Peut-être sont-ils impossibles dans le monde tel qu'il est, mais j'objecterais qu'il ne s'agit là que de contingences. Encore faut-il accepter de voir le monde tel qu'il est.

RÉFUTATION DE JURE

Xénotrope : Attention, nous t'opposons aussi *de jure*, une impossibilité juridique et logique. L'idée d'un État qui ne serait reconnu par personne, *de facto* et *de jure*, est une absurdité juridique. Nous l'avons vu. C'est aussi une absurdité logique. Le solipsisme politique est plus absurde encore que le solipsisme métaphysique. Le solipsiste peut avoir un corps physique en tant qu'être humain, mais non le pays solipsiste.

Soliae : Que veux-tu dire ?

Xénotrope : Le solipsiste métaphysique peut se représenter comme étant seul avec son corps, s'il accepte l'existence du monde extérieur objectif, mais nie l'existence des autres. Il aurait un corps sans les autres, car il n'a pas besoin des autres pour en reconnaître les limites. Il peut dire « ceci est ma main, ma jambe ». Il ne va pas se tromper et croire que son corps est celui du voisin ou que le pied de table est le prolongement de sa jambe. Le privilège de la sensation intérieure, qui est son critère de certitude, lui suffit.

En revanche, sans reconnaissance par d'autres États, il n'y a pas même d'État, de frontière, de territoire. La délibération politique chez soi n'aurait pas même lieu d'être. Les solipsistes politiques, qui ne peuvent exister sans corps, ni territoire, seraient plus absurdes que le solipsiste métaphysique, qui peut exister sans corps et dont le corps peut être délimité sans les autres.

Soliae : Tu marques un point. Ces réfutations *de facto* ou *de jure* touchent éventuellement des solipsistes modérés qui, croyant à leur intériorité, ont besoin d'une extériorité et d'une délimitation. Mais les solipsistes politiques radicaux n'ont pas rendu les armes. À l'instar du solipsiste métaphysique, ils répliqueront : « que nous importent les faits du monde puisque le monde n'existe pas en dehors de notre représentation et que pour nous solipsistes politiques, seul existe notre pays ».

D'ailleurs, ce qui intrigue tant les philosophes, dans le solipsisme, c'est qu'il n'est pas réfutable logiquement. Même pour ceux qui n'y croient pas, c'est une tentation, car le solipsisme n'est pas illogique : dire « seuls existent mon moi, mes pensées et mes sensations » et nier la cause de ces sensations n'est pas absurde logiquement. La causalité n'étant pas une connexion nécessaire (le contraire d'un fait est toujours possible), je peux nier la cause ou l'effet sans me contredire. Le solipsiste se targue donc d'être dans une forteresse logique inexpugnable[31].

Les solipsistes politiques diront de même : le contraire d'un fait est toujours possible et nous pouvons donc en esprit nier les liens de causalité historique que vous évoquez. Nous pouvons imaginer notre société sans lien avec l'étranger. Car votre impossibilité *de jure* est seulement juridique, loin d'une impossibilité logique. Que nous importe le droit international que vous nous objectez puisque nous n'en reconnaissons pas l'existence. Seul notre droit est du droit.

Cliophile : Voilà effectivement une objection de taille.

Soliae : Oui, vous pouvez dire aux solipsistes politiques, voici votre téléphone portable, votre café, importés, votre pays et votre territoire qui n'existent pas sans droit international. Ce genre de réfutation est aussi vaine que celle du solipsisme métaphysique disant, comme le philosophe Moore[32], « Voici ma main, pouvez-vous le nier ? ». Le solipsiste métaphysique répondra : oui bien sûr, ceci *me semble* être votre main puisque vous me semblez exister, mais rien ne me prouve que vous existiez en dehors de ma représentation.

Cliophile : La situation est toutefois différente : la force du solipsiste métaphysique est de pouvoir rajouter devant chaque phrase « il me semble que », « je pense que ». Par ce biais, il transforme toute réalité objective en réalité subjective. Quel que soit l'énoncé « il y a X » ou « X est Y », il peut être transformé en « il me semble qu'il y a X » et « il me semble que X est Y ». C'est ce qui rend le solipsisme métaphysique si invincible.

Mais les solipsistes politiques n'ont pas un tel pouvoir. Considérons les énoncés « il y a des pays étrangers et un droit international qui conditionnent l'existence de l'État X ». Rajouter « il nous semble que » ou « il semble à l'État X que » ne les maintient pas dans leur solipsisme politique radical : la phrase « il me semble que » peut transformer l'objectif en subjectif (selon le solipsiste), mais elle ne transforme pas l'étranger en national.

Soliae : Cette opération linguistique est celle du juriste volontariste[33], qui transforme toute affirmation d'existence en une reconnaissance de sa part : « le pays Y existe » devient « je reconnais l'existence du pays Y ».

Cliophile : Ces théories subjectivistes et volontaristes peuvent favoriser un solipsisme modéré, mais pas radical. On l'a vu, l'Xie aussi a besoin d'être reconnue par d'autres pour être un État.

Soliae : Recourons alors aux théories dualistes du droit international. Les juristes s'opposent sur ses relations avec le droit national[34]. La théorie moniste plaide pour l'unité entre ces droits : dès lors que nous avons ratifié un traité, il vaut par lui-même dans notre droit national. Pour les dualistes, le droit international ne devient du droit national que par une transposition dans notre droit interne, par une adoption expresse par notre parlement. Le « il me semble que » du solipsiste métaphysique devient alors « notre parlement a décidé que ». On a là l'équivalent de la magie du « il me semble », transmuant l'international en national.

Cliophile : À nouveau, tu éclaires bien la racine d'un solipsisme modéré et de ses illusions. Cette transposition dans le droit national masque les négociations et décisions internationales qui sont la source et la condition de ces dispositions internes. Elle révèle que la souveraineté n'est pas indépendance absolue : les théories dualistes supposent des traités internationaux pour les transposer en droit interne. La théorie dualiste ne sauvera donc pas le solipsiste absolu : dans un pays solipsiste, le droit international disparaîtrait tout bonnement et le parlement national n'aurait rien à ratifier.

Peut-on considérer qu'on a suffisamment réfuté le solipsisme politique ?

Soliae : Les plus radicaux t'objecteront qu'ils peuvent toujours inventer un nouveau pays.

Cliophile : Eh bien, je te prends au mot : présente-le. Car, tu as déjà tout tenté pour le trouver ou l'imaginer : l'histoire, la géographie, l'insularité, les utopies, la science-fiction, les expériences de pensée. Sans succès ! Tu espérais la florescence d'une nouvelle société plus prospère, débarrassée de ses parasites, à l'instar de la société d'athées de Bayle. On craignait un remake de la *Fable des abeilles*. Bien pire, il n'y avait plus ni abeilles, ni arbres refuges. Le pays coupé du monde s'est délité jusqu'au non-être. Tu n'as pu montrer ni un pays solipsiste, ni sa possibilité logique.

RÉFUTATION LANGAGIÈRE

Soliae : On peut refuser les concepts qui ont servi à cette réfutation et inventer un nouveau langage.

Cliophile : À nouveau, je te prends au mot : tu veux être solipsiste. Expose-nous ta théorie. Tu as défini le solipsisme politique par analogie avec le solipsisme métaphysique. Je m'inspirerai donc des méthodes les plus efficaces contre le solipsisme métaphysique. Wittgenstein a montré qu'un langage entièrement privé était une illusion, que le solipsiste ne pouvait suivre une règle, seul, et ne pouvait donc avoir ni vocabulaire, ni syntaxe[35]. Il est donc réduit au silence. C'est la réfutation la plus radicale du solipsisme.

Soliae : Pas dans mon cas. Les solipsistes politiques ont un langage : ils forment un groupe humain et peuvent parler entre eux. Tu pourrais certes m'objecter que ce langage sera plus pauvre, car il faudra le purifier de tous les mots étrangers. Mais il restera encore assez de mots pour échanger.

Cliophile : Précisons donc l'objection : pourras-tu avoir un langage politique ? Ou bien ton langage politique ne sera-t-il qu'une illusion de langage ? Appliquons au langage solipsiste la même méthode qu'au pays solipsiste. Enlevons tous les termes étrangers ou qui dérivent d'échanges internationaux. Tu ne devrais pas parler de démocratie, d'anarchie ou d'autarcie, d'aristocratie, de leadership ou d'empire.

Soliae : C'est une réfutation trop facile. Je t'objecterai que l'on peut inventer les concepts et leur trouver de nouveaux vocables sans racine grecque ou latine.

Cliophile : D'accord. Il faut donc s'attaquer non seulement aux signes, mais aussi aux significations et à leurs règles d'usage. Il faudra épurer ce langage de tous les concepts hérités du droit international, mais aussi d'une longue pratique des relations internationales.

Candide : Vous allez passer toute cette histoire en revue ?

Cliophile : Donnons-nous un critère clair. On considère les Traités de Westphalie, au XVIIe, comme la naissance des États modernes avec leur souveraineté. Comme il s'agit de traités entre pays, enlevons du langage solipsiste tous les termes qui y sont contenus. Faisons de même pour la charte de l'ONU au XXe siècle et pour les grands traités internationaux fondateurs de l'existence des États. Ces chartes ou traités contribuent en effet à définir le sens de leurs concepts fondamentaux.

Il faudra supprimer les mots « État », « souveraineté », « nation », « territoire ». L'Allemagne devra même renoncer à parler de « constitution », la constitution allemande apparaissant dans les Traités de Westphalie.

Cette suppression n'est pas seulement celle d'un mot remplaçable par un autre, mais celle des règles d'usage. Car ces termes font partie d'un jeu de langage appris avec d'autres et que l'on joue à plusieurs. Quelles seraient leurs règles d'usage s'ils ne peuvent entrer dans aucun jeu de langage de la reconnaissance, de l'échange d'ambassadeurs, de la signature de traités ou de conventions ? Le seul usage du mot « État » requiert une pluralité d'États : on ne peut pas, seul, jouer le jeu de langage de l'État.

L'État solipsiste sera bien une illusion d'État, qui ne peut prendre place dans le jeu de langage de l'existence et de la vie des États. De l'énoncé, « c'est l'État X », ou « l'État c'est moi », rien ne s'ensuit. Ces mots ou expressions sont comme des boutons de décoration et non un rouage faisant fonctionner la machine[36].

Soliae : C'est être privé du vocabulaire de la légitimité externe, mais que nous ne revendiquons pas. Il nous reste celui de la légitimité interne.

Cliophile : Tu oublies que le solipsiste radical ne peut opposer l'interne et l'externe ! Mais soit, envisageons cette parade, bien vaine d'ailleurs. Car comment avoir un vocabulaire de la légitimité interne sans opposition entre intérieur et extérieur, entre tien (étranger) et mien ? À supposer qu'ils puissent avoir une illusion de souveraineté, d'une illusion d'État sur une illusion de territoire, il leur manquera encore l'essentiel : qu'ils puissent dire « c'est notre État » ou « c'est le territoire où nous pouvons légitimement résider ».

On a raillé le solipsiste métaphysique qui s'accroche à la certitude de *sa* représentation, de *sa* conscience. Pensant avoir une possession inaliénable, il n'avait qu'une illusion de possession. D'une part, le vocabulaire de la propriété est importé du monde extérieur et juridique : croyant se couper du monde en décrétant ses représentations siennes, le solipsiste métaphysique fait entrer le monde par la fenêtre après l'avoir chassé par la porte[37]. D'autre part, rien ne s'ensuit de son vocabulaire de la possession, c'est comme croire que ma main gauche puisse faire un don ou un legs à ma main droite[38].

On peut faire la même objection aux solipsistes politiques : certes, ils pourront dire qu'ils tirent un sens de la propriété de leur propriété privée. Mais comment pourraient-ils dire *mes* montagnes, *mon* territoire, *mon* État là où il n'y a pas d'opposition entre le tien et le mien. Ce serait aussi vain que de dire mon air quand celui-ci est encore indivisible. Aussi vain que de signer un traité de cession de territoire avec soi-même. On n'aurait pas même idée de ce que pourrait signifier une telle opération. Ce serait une illusion de traité, de cession, de possession.

Les solipsistes politiques seront donc quelque part. Ils pourront avoir un vocabulaire du lieu, mais non d'une possession ou occupation légitime d'un territoire. De quel droit sont-ils là ? Parce que ce territoire est à eux ? À un autre qui les tolère ? À personne ? À tous ? Ils ne pourront en décider. Une illusion de droit sera pour eux la même chose qu'un droit. Tout ce qui leur semblera juste sera juste, puisqu'ils ne pourront, ni ne devront rendre de compte à personne : ils ne pourront avoir ni le vocabulaire des populations sédentaires avec un territoire légitime, ni celui des peuples sans États ou nomades traversant ou occupant le territoire des autres. Ils bâtiront ensuite leur édifice sur du sable.

Soliae : Le solipsisme politique peut s'inspirer de la société de vrais chrétiens de Pierre Bayle, dépourvue de tout antagonisme et ne prônant que l'amour de l'autre et

la charité : ne pensant pas leur rapport au territoire ou à
leur groupe en termes de légitimité externe ou interne, ils
n'ont ni défense, ni armée, ni politique étrangère[39].
L'absence de telles institutions est d'ailleurs l'un des
critères du solipsisme politique logique.

Xénotrope : Piètre défense : car la société de vrais
chrétiens de Bayle, purement morale et non politique,
incapable de défense, n'a qu'une chance de survie
internationale limitée. Au demeurant, cette société n'est
pas solipsiste : un esprit charitable est ouvert aux
ambassadeurs, aux naufragés et aux réfugiés.

Soliae : Suivons donc David Hume qui va plus loin
dans cette voie : il imagine un jardin d'Éden où les biens
couleraient à profusion ou une société débordant de
générosité et d'altruisme (les parfaits Chrétiens de Bayle),
donnant tout à leurs prochains : on n'y fait pas la différence
entre le tien et le mien[40]. La question de savoir si c'est
mon territoire cesse d'être une objection.

Xénotrope : Piètre défense à nouveau, mais révélatrice :
c'est concéder que les solipsistes ont au mieux un langage
moral, mais non un langage politique. C'est bien ce que
nous voulions prouver. Et qui se retourne contre tes
prétentions à incarner la philosophie politique. Car dans
l'hypothèse de Hume, ces hommes débordent de toutes
les vertus *morales*. Incapables d'intérêts égoïstes, ils n'ont
aucune idée ni de la justice, ni de la propriété, ni même
du partage ou de la répartition des tâches, des devoirs, des
fonctions, ou des pouvoirs. Ils sont donc incapables
d'organisation politique.

Soliae : Soit, vous pensez plagier Wittgenstein[41] : si
tout ce qui leur semble juste est juste, les solipsistes
politiques ne peuvent suivre des règles juridiques seuls.

Incapables de suivre la règle qu'ils se seraient eux-mêmes prescrite, ils ne peuvent être autonomes seuls. Voilà votre objection. Accordons même qu'ils ne pourraient avoir de concept de justice. Mais vous avez au mieux montré l'impossibilité d'un solipsisme juridique. Votre réfutation suppose que la politique est affaire de droit, de législation, de règles, de justice. Les solipsistes politiques pourraient aussi être immoraux ou pré-moraux dans un état de nature violent ou de guerre de tous contre tous. Chez Hume, sans justice, peut régner un brigandage sans règle. Les solipsistes peuvent acquérir un langage politique des rapports de force et de la guerre.

Cliophile : Ces solipsistes pourraient certainement être immoraux et s'entretuer. Ils n'auraient pas pour autant un langage de la guerre. Ce serait au mieux un langage de la pure force physique. Sans langage du droit, de la légitimité, ce devrait être un état de nature sans aucune règle sociale. Mais justement, ce ne serait pas un état de guerre. C'est là une vision philosophique bien ignorante de ce qu'est la guerre.

Soliae : Pourquoi, parce que la guerre est seulement une relation d'État à État et non d'homme à homme [42] ? Mais tu t'accordes ainsi la pluralité d'États que le solipsiste politique refuse.

Cliophile : Oui, mais pas seulement. On peut réserver le terme de guerre aux conflits étatiques et publics, mais on peut aussi prendre en compte les conflits guerriers non étatiques comme il en existe entre les clans ou peuples sans État : le conflit armé y est une activité hautement sociale, à la fois dans chaque camp et entre camps adverses, avec des formes de réciprocité et d'opposition réglées. Leurs conflits ont leurs temporalités, leurs interdits, leurs devoirs[43]. Les solipsistes seraient incapables d'une coopération ou socialisation entre groupes adverses. S'ils sont cohérents, les solipsistes radicaux ne peuvent pas même désigner d'ennemi.

Il faudra donc éliminer du langage solipsiste tout terme dérivant du droit international de la guerre, des rapports de force dans les relations internationales ou dans les conflits internes. Les solipsistes ne connaîtront ni stratégie, ni équilibre des forces, ni montée aux extrêmes.

Soliae : Ils auront un langage de la force brute.

Cliophile : Mais le fort n'est jamais assez fort pour le rester toujours. Il a besoin d'inventer un langage de la légitimité. Même les empires autoproclamés ont eu besoin d'un droit de conquête.

Soliae : Il reste la chasse.

Cliophile : La chasse à l'homme comme programme de solipsisme politique ! Voilà qui est alléchant. Mais c'est encore trop accorder. S'il y a chasse et non cueillette, le chasseur a affaire à des animaux qui sentent, fuient, se cachent, rusent, attaquent. Même la chasse aux poux a ses stratégies[44] que n'auraient pas les solipsistes cohérents pour qui les animaux sont des machines.

Tu as raison : on peut plagier Wittgenstein qui disait au solipsiste « il te faut choisir, soit tu parles, soit tu es solipsiste ». Je dirai donc aux solipsistes politiques « soit vous avez un langage juridique, un langage politique, soit vous êtes solipsistes et ceci est une disjonction exclusive. À vrai dire, vous ne méritez pas même l'appellation de solipsistes *politiques* ».

Soliae : Je le reconnais, je suis à court de parades pour défendre le solipsisme politique. D'autres que moi auront peut-être plus de ressources. Je veux bien vous concéder du terrain, mais pas la victoire. Je maintiens l'importance de théoriser le solipsisme politique comme théorie spécifique. Je maintiens qu'il est la vérité fondatrice de la philosophie politique. Si vous avez raison dans votre critique, c'est la philosophie politique elle-même qui est en cause.

Cliophile : Nous voilà d'accord sur un point, l'importance de thématiser le solipsisme politique, toi pour le défendre, moi pour le réfuter.

ILLUSION ET ENSORCELLEMENT

Xénotrope : Assurément. Cliophile, je souscris entièrement à ta réfutation magistrale. Soliae, je te suis aussi redevable d'en avoir révélé les multiples visages que je n'avais pas soupçonnés. J'apporte même ma pierre à ton édifice. Tu as proposé hier cette analogie entre les solipsismes. On pouvait t'objecter qu'il y a une différence fondamentale entre eux : l'un, métaphysique, porte sur l'opposition de l'apparence et de la réalité, tandis que le second, politique, porte sur l'opposition entre eux et nous, entre domestique et étranger. Nos échanges montrent bien que le solipsisme politique est aussi une question d'illusion.

Soliae : Je dirais plutôt que l'analogie entre les deux solipsismes trouve sa pertinence dans l'opposition entre apparence et réalité. Car le solipsisme n'est pas un jeu intellectuel gratuit, mais pose la question de ce qui est réel. Et c'est bien la question ici : en bon solipsiste, je pense que seul notre droit est du droit, tandis que le droit international n'existe pas ou n'est qu'une apparence de droit.

Cliophile : À l'inverse, je considère que le droit international est véritable et non illusoire, voire qu'il est le principe du droit national. En revanche, est illusoire une théorie politique qui ne théorise pas sa relation à l'étranger. Le solipsisme pose bien la question de l'illusion.

Soliae : Inversement, en solipsiste politique, je soutiens que la vie politique intérieure peut être séparée de l'extérieur. Le droit international est, au mieux, quelque chose d'externe qui ne s'applique qu'à l'extérieur et non à l'intérieur. On peut donc le supprimer et rien de fondamental ne sera changé.

C'est une conviction manifeste dans le *Brexit* : pour quitter l'Europe, on rejette le droit européen comme on largue les amarres extérieures. La Grande-Bretagne en sortira intacte et grandie dans sa pureté, son authenticité, sa démocratie.

Cliophile : Selon moi, en revanche, renoncer au droit international revient à un suicide étatique. Ton exemple est-il d'ailleurs bien choisi ? Même les *hard Brexiters* veulent passer des accords de libre-échange.

Soliae : Je vous parlais hier du libre-échange comme découlant aussi du solipsisme politique : c'est lui qui nourrit la conviction que c'est avec la même puissance, la même identité, que se feront ces accords de libre-échange, car le Brexit n'affecte pas le pays lui-même.

Cliophile : Ton exemple montre bien en effet la force du solipsisme, mais qui est la force des illusions, un besoin de croire. Nous atteignons là le cœur du solipsisme et de sa réfutation. On a affaire à un pseudo-problème philosophique qui doit d'abord être démonté comme l'on met au jour les tours d'un illusionniste.

L'ensorcellement par le langage[45], par des représentations, nous fait croire à certaines réalités. Le solipsiste subjectif a l'impression d'être privé de quelque chose quand on lui dit que sa douleur peut être partagée (elle ne lui semblait réelle qu'inaliénable, incommunicable), que sa subjectivité est tissée d'intersubjectivité. Et ce, même si, intellectuellement, il sait que cette expérience privée n'est qu'une illusion.

Probablement, personne n'y croit, mais le langage solipsiste a des effets, crée une réalité illusoire. La critique du solipsisme politique s'attaque à une croyance en l'État super-sujet, à une souveraineté étatique absolue et toute-puissante. Dire que cette souveraineté découle du droit international, c'est la déchoir de ses superpouvoirs[46]. Rien n'a changé en réalité, mais les solipsistes politiques ont l'impression d'avoir perdu quelque chose de fondamental, quand on leur dit que leur souveraineté est affaire internationale, que leur identité nationale est une construction et un métissage transnationaux. Ils les voulaient propres à eux et à eux seuls. Et comme le solipsiste subjectif, ils ont l'impression d'être privés de quelque chose, que pourtant ils n'ont jamais eu.

Soliae : Si c'est une illusion, elle est celle de la philosophie politique. Je vous défie d'en donner un fondement sans solipsisme.

Candide : Mais que peut-on faire face à une illusion qui résiste aux réfutations empiriques, juridiques et logiques ?

Approche thérapeutique

Cliophile : C'est probablement une autre forme de réfutation, douce, thérapeutique, qu'il faut envisager[47]. À force de penser la philosophie politique comme s'ils étaient seuls, les solipsistes politiques ont contracté une crampe mentale, une rigidité, une cécité partielle ou une myopie. Il faut les aider à se défaire de cette crampe, de cette rigidité, de ces œillères.

Il ne s'agit pas de rien apprendre, de rien changer, mais simplement d'apprendre à voir autrement. Wittgenstein l'a dit « Don't think, but look »[48]. Mais pour l'instant, ces solipsistes politiques ne savent pas voir.

Candide : Mais tu as déjà montré que l'international commence à la maison. Que peux-tu faire de plus ?

Cliophile : Probablement faut-il de la patience. Probablement nos discussions font-elles déjà partie de la thérapie. Probablement faut-il se placer dans la position des solipsistes politiques eux-mêmes et les amener à regarder à gauche, à droite, en haut, en bas, à se décentrer, bref à faire un peu d'exercice d'assouplissement.

Candide : Lesquels ?

Cliophile : En nous mettant à la place des solipsistes politiques, niant tout ce qui est étranger, nous avons montré l'impossibilité du pays solipsiste. Maintenant que nous avons réfuté le solipsisme radical, nous pouvons montrer aux solipsistes politiques que l'étranger non seulement existe, mais leur importe.

Candide : Mais qui souffre de telles crampes ? Pourquoi avoir tant insisté sur ce solipsisme politique radical, qui semble n'être défendu et représenté que par Soliae ?

Cliophile : Mais parce que le solipsiste méthodologique (bien plus commun) raisonne comme un solipsiste politique radical. Soliae a raison sur ce point.

Considérez le solipsiste métaphysique : il ou elle parle, publie des livres sur le solipsisme, fait cours à des étudiants, dîne avec ses amis, mais ne fait pas le lien entre sa vie quotidienne, ses conversations et l'impossibilité du solipsisme.

Le but n'est pas de lui faire découvrir une vérité ou une réalité qu'il connaît déjà, mais simplement de lui montrer que ses pratiques sous-tendent ses théories, que son langage prétendument privé suppose des jeux de langage sociaux.

De même, les solipsistes politiques boivent leur café, importé. Ils voyagent à l'étranger, lisent la rubrique « Affaires internationales » du journal, se réjouissent ou s'agacent de la signature d'un traité international.

Mais quand ils font de la philosophie politique ou juridique, ils continuent à faire comme si l'étranger et même *leur* politique étrangère étaient inexistants ou secondaires, comme si la construction politique ne leur devait rien. Continuant à écrire qu'entre les États, il n'y a qu'un état de nature international, ils ne font pas le lien entre leur vie quotidienne et leurs conceptualisations politiques. Ils ne sont d'ailleurs pas les seuls : regardez les campagnes électorales, on n'y traite de la politique étrangère que dans les deux dernières minutes, pour dire qu'on en parlera plus tard.

Candide : En quoi est-ce fâcheux ?

Cliophile : Bien au-delà du Brexit, il est fâcheux d'apprendre à réfléchir dans une bulle : l'habitude de raisonner seulement sur les affaires intérieures peut laisser

coi en cas de guerre ou de vague d'immigration massive :
à quoi faut-il subitement renoncer pour financer la guerre ?
N'y avoir jamais réfléchi n'aide pas à répondre à la
question.

Soliae : Va plus loin. En attaquant le solipsisme
politique, vous pensez avoir pourfendu le grand méchant
loup nationaliste, impérialiste, esclavagiste ou colonialiste.
Mais le solipsisme méthodologique est aussi la condition
de la justice sociale et fonde les plus grandes théories de
la justice distributive favorisant les plus défavorisés d'entre
nous.

Cliophile : C'est une objection de taille. Il faut le
reconnaître. Seuls les États providence sont parvenus à de
forts systèmes de solidarité sociale. Les sciences sociales
le confirment : le soutien aux États providence est d'autant
plus fort que les populations sont homogènes. La solidarité
diminue lorsque les populations bénéficiaires sont vues
comme hétérogènes ou étrangères. Il est alors fâcheux de
laisser penser qu'entre immigration et État providence il
faut choisir[49].

Candide : Par ce solipsiste méthodologique, vous visez
la *Théorie de la justice* de Rawls, je suppose. Mais, en
quoi est-il solipsiste ? Sous voile d'ignorance, on ne sait
pas si l'on est riche ou pauvre, homme ou femme, noir ou
blanc. Étrange solipsiste qui ne sait rien de lui-même.
N'est-ce pas un anti-solipsisme au contraire ?

Soliae : Si l'on reprend mes classifications, le solipsisme
de la position originelle de Rawls ne réside certes pas dans
la certitude intérieure d'un cogito, mais dans l'absence de
l'étranger et des étrangers. Et c'est bien la condition du
contractualisme et de la justice sociale. À nouveau, je vous
défie d'en trouver un fondement non solipsiste.

Xénotrope : Fort bien. Je relève ton défi.

Candide : Bien étrange voile d'ignorance. Comment ignorer qui l'on est ?

Xénotrope : Et pourquoi ne pas ignorer également où l'on est ?

CHAPITRE IV

OÙ SOMMES-NOUS ?
UN VOILE D'IGNORANCE ÉPAISSI

Le lendemain, les Xiens se réveillèrent dans une situation bien étrange. Comme s'ils avaient été placés sous un voile d'ignorance, ils ne savaient plus rien d'eux-mêmes. Comme dans un épais brouillard, ils ne pouvaient ni se voir, ni se sentir, comme s'ils n'avaient plus de corps. Ils ne se voyaient pas non plus les uns les autres. Ils ne savaient plus s'ils étaient en haut ou en bas de l'échelle sociale, grands ou petits, jeunes ou vieux, noirs ou blancs. Ils ne savaient même pas s'ils étaient des « ils » ou des « elles ».

Ils ignoraient tout de leurs préférences : ils ne savaient pas s'ils étaient catholiques, bouddhistes ou animistes, croyants ou athées, racistes ou tolérants, marxistes, libertariens ou utilitaristes. Ils ne savaient pas s'ils étaient égoïstes ou altruistes, calmes ou anxieux, colériques ou débonnaires. Ils ne savaient pas s'ils étaient casaniers ou grands voyageurs, nationalistes ou internationalistes, isolationnistes ou libre-échangistes. Ignorant tout d'eux-mêmes, ils ignoraient aussi leurs opinions sur les autres et sur l'étranger.

Ils ignoraient aussi tout de leur pays, s'il était grand ou petit, désertique ou marécageux, insulaire ou continental, fort ou faible, riche ou pauvre.

Pourtant, ils n'avaient pas perdu l'usage du langage, ni aucune de leurs facultés. Ils parvenaient à communiquer avec des voix sourdes, comme sorties du brouillard ou d'un haut-parleur lointain. Impossible toutefois de reconnaître dans ces voix neutres des intonations masculines ou féminines, imposantes ou timorées, juvéniles ou chevrotantes.

Une expérience analogue était arrivée aux lecteurs du philosophe John Rawls. Les Xiens ne savaient évidemment pas qui était le sinistre farceur ou la farceuse qui les avait placés dans pareille situation, car cet imitateur de Rawls les avait plongés dans une ignorance plus profonde encore. Les personnages de Rawls avaient beau être dans une ignorance totale (ils ne savaient même pas à quelle génération de leur société ils appartenaient), ils se savaient quand même résider sur un même territoire. Leur tâche étant d'élaborer les principes d'une société bien ordonnée, juste et durable, on pouvait supposer qu'ils en étaient les résidents légitimes et se concevaient tels.

Plus ignorants encore, les Xiens ne savaient pas où ils étaient, à l'intérieur ou à l'extérieur de ce territoire. S'ils étaient à l'étranger, ils ne savaient pas non plus pour quelles raisons, touristiques, politiques, économiques ou écologiques.

Ils entendirent une voix off, impossible à identifier, mais distincte de leurs voix : « Bonjour et bienvenue dans cette expérience de pensée. Vous êtes sous un voile d'ignorance qui vous prive de toute connaissance particulière sur vous-mêmes et sur le territoire défini dont vous êtes les résidents légitimes. Appelons-le X et vous

Xiens. Vous ne savez pas non plus où vous êtes. Peut-être êtes-vous réunis sur ce territoire, peut-être êtes-vous ailleurs.

Il n'y a en revanche aucune limite à votre connaissance des théories, des lois et des informations générales[50].

Vous devez établir les principes et les institutions d'une société juste. N'ayez nulle inquiétude : cette ignorance, qui vous place dans une situation d'égalité et d'impartialité, est temporaire. À mesure que vous progresserez dans vos réflexions et décisions, elle se dissipera ». La voix off se tut.

Il y a quelqu'un ?

Oui. Qui êtes-vous ?

Je ne sais pas. Et vous ?

Je ne sais pas et j'ai l'impression d'avoir perdu tout repère. Et vous ?

Je ne sais pas non plus. Mais curieusement, à la différence des amnésiques inquiets de leur identité, cette ignorance ne m'angoisse pas. Je me sens l'esprit vide, mais les idées claires.

Moi aussi. Pas de souci matériel, de ménage ou de lessive comme j'en connais peut-être dans la vie réelle. Pas de brouhaha extérieur et intérieur. C'est un état de légèreté ou d'apesanteur.

Il nous faut donc décider de notre sort. Curieux pour des personnes qui ne se connaissent pas entre elles.

Est-ce pire que de choisir seul quand on ne se connaît pas soi-même ? Et puis cette ignorance a ses vertus : ne sachant pas si nous sommes hommes ou femmes, nous n'accorderons pas d'avantage à un genre sur un autre et n'imposerons pas de choisir entre eux. Bienvenue aux trans ou aux genres indéterminés.

Sans pieds, ni poings, difficile aussi de dire « viens te battre » ! Nous ne craignons donc pas d'être agressés. Nous voilà en situation d'être parfaitement égaux, impartiaux et pacifiques.

S'il nous faut décider des principes d'une société juste, par où commencer ? Je n'en ai pas la moindre idée.

Nous avons un accès illimité aux théories. Consultons les théories de la justice pour voir ce qu'elles proposent.

Ce n'est pas forcément une bonne idée, car elles ne prennent pas en compte notre situation. Ces théories supposent que les citoyens d'un pays sont réunis sur un même territoire. Tel n'est pas notre cas.

Il faudrait d'abord comprendre à quelles questions nous devons répondre.

Il faudrait déjà comprendre notre situation pour déterminer ces questions.

SE DÉSIGNER

Attendez : je ne parviens pas à vous suivre dans cette conversation anonyme. Je ne sais jamais qui parle et qui dit quoi.

Au moins on ne risquera pas les arguments *ad hominem* !

Je veux bien ne pas identifier des personnes, mais mon problème est bien pire : je n'identifie pas vos idées. Vos phrases se suivent, comment savoir si c'est la même personne qui au temps T1 prononce telle phrase et au temps T2 une autre phrase ? Comment savoir si ce sont des idées distinctes de personnes distinctes ou le raisonnement d'une même personne ? Peut-être n'êtes-vous tous qu'un esprit collectif et confus.

Tout à fait. Nous avons affaire à des énonciations, des événements de conversation plutôt qu'à des personnes identifiables dans le temps.

Comment même dire, tu ou toi ? Nous ne pouvons même pas être des interlocuteurs indexicaux.

Que veux-tu dire ?

Les indexicaux n'ont pas de sens déterminé, mais en acquièrent par le contexte de désignation : ceci, cela, ici, là. On leur donne une signification en montrant du doigt (index). Vous pourriez être des « tu » que l'on désigne dans la conversation, sans rien présupposer de plus. Mais, sous ce voile, impossible !

Que faire ? Ne sachant rien sur nous-mêmes, nous ne pouvons non plus nous appeler ni par des noms propres, ni par des descriptions définies.

Nous disons bien « je ». Disons donc « Je 1 », « Je 2 » ou bien « tu », « tu'», « tu'' ».

Je ne vais jamais m'y retrouver.

Donnons-nous des noms d'emprunts.

Voix off : Chères lectrices, chers lecteurs, c'est à vous que je m'adresse ; les Xiens ne m'entendent pas. Laissons-les se donner les noms qu'il leur plaira. Pour votre confort seulement, je continuerai à leur donner leurs noms initiaux. Vous aurez déjà remarqué que ceux-ci étaient unisexes et que Xénotrope, Cliophile, Soliae ou Candide peuvent être homme ou femme. Notez aussi que sous ce voile d'ignorance, les Xiens ignorent leurs noms et leurs opinions passés. Soliae pourrait se découvrir cosmopolite et Xénotrope solipsiste. Gardant leur nom d'origine, je les associerai aussi à leurs opinions d'origine, si tant est que l'on puisse différer d'opinions sous voile d'ignorance. Ceci est à nouveau un pur artifice de présentation, pour faciliter votre lecture. Avec toutes mes excuses pour cette interruption, laissons-les reprendre.

POSITION DU PROBLÈME

Xénotrope : Revenons à notre situation. Comment la comprendre ? Eh bien, je me lance. Soit un territoire ou un pays X, parmi d'autres Y, Z ou W. Il faut bien qu'il y en ait d'autres pour que nous puissions être à l'étranger ! Comme tout autre, ce pays peut avoir connu une série de catastrophes naturelles, de conflits politiques, de guerres, de crises économiques, aussi bien que des périodes de paix et de prospérité. Il a pu y avoir des périodes de fermeture des frontières, qui ont pu protéger des agressions ou causer des famines, des vagues d'émigration volontaire ou forcée, ainsi que des arrivées massives de migrants, bienvenus ou malvenus. Chacun peut avoir été migrant économique, réfugié politique ou simple touriste à l'étranger. À différents degrés, tout le monde peut avoir bénéficié ou souffert de l'ouverture ou de la fermeture des frontières, d'avoir résidé dans le pays ou d'avoir vécu à l'étranger, de la présence ou de l'absence d'immigrants.

Sous voile d'ignorance, peut-être sur notre territoire ou à l'étranger, nous devons choisir les principes (politiques, économiques, sociaux) d'une société juste. Ce choix combinera politique intérieure et politique étrangère.

Candide : Pardon, mais cela va trop vite. Déjà, qu'est-ce qui nous autorise à décider des lois du pays X ?

Xénotrope : Si nous décidons des principes d'une société juste sur un territoire donné, c'est que nous en sommes les résidents légitimes. Sinon qu'y aurait-il de juste à prendre la place d'autres et à décider pour eux ? Inversement, si d'autres décident à notre place sur ce territoire-là, à quoi bon délibérer ? Si c'est à nous de décider des principes de gouvernement, c'est que nous formons un pays autonome, qui décide de ses propres lois, où les résidents légitimes sont citoyens.

Candide : Mais pourquoi voudrions-nous le faire ?

Xénotrope : Plutôt le faire nous-mêmes que de laisser d'autres décider à notre place. Suppose qu'ils décident de nous réduire en esclavage.

Soliae : Mais pourquoi décider d'emblée de la politique étrangère ? Les théories du contrat social ne le faisaient pas.

UN RAPPORT PREMIER ET CONSTITUTIF À L'ÉTRANGER

Xénotrope : Vous allez mieux comprendre : ce n'est que le déploiement de notre position initiale, position bien étrange qu'aucun de nous n'avait précédemment imaginée.

Puisque nous ne savons pas où nous sommes, nous pourrions être réunis sur le même territoire, comme dans les théories du contrat social. Notre situation englobe cette possibilité, mais elle la dépasse et déplace. La délibération nationale où l'on est réuni sur un même territoire, se bornant à fixer ses lois en vase clos, n'est plus le modèle premier, mais seulement une de nos possibilités. Dans notre situation, le rapport à l'étranger est premier et constitutif.

Soliae : Pourquoi donc ?

Xénotrope : Nous sommes d'emblée en relation avec des étrangers, des pays étrangers et la politique étrangère de notre pays. Nous pouvons même être en position d'étranger à l'étranger. Certaines conséquences s'ensuivent.

La délibération sur la politique intérieure et celle sur la politique étrangère ne doivent pas être séparées. À l'étranger, nous serions les premiers à souffrir d'une mauvaise politique *étrangère* de notre pays. Les belliqueux y réfléchiront à deux fois : à l'étranger, ils pourraient recevoir les bombes qu'ils ont eux-mêmes décidé d'envoyer sur les autres pays. On hésitera aussi à délocaliser nos pollutions et à permettre l'exploitation des travailleurs par nos entreprises à l'étranger. Nous pourrions pâtir des pratiques économiques ou écologiques nuisibles qui y seraient menées par notre gouvernement, nos administrations, nos entreprises ou ONG.

Soliae : Mais cela ne concerne que la politique étrangère. Tu sépareras bien politique étrangère et politique intérieure ?

Xénotrope : Bien sûr que non. Nous pourrions aussi être les premiers à souffrir d'une mauvaise politique *intérieure* de notre pays. Nous regarderons d'un autre œil les usines situées sur notre territoire qui polluent les pays étrangers. Plus largement, nous évaluerons la politique intérieure à l'aune de ses implications extérieures, de même que nos décisions politiques, économiques, sociales et écologiques.

C'est donc dans une même délibération que sont définies les règles de politique intérieure et de politique étrangère. Même nos discussions « entre nous » manifesteront leur continuité, la convergence des principes à leur appliquer.

À la différence des théories contractualistes qui distinguent une délibération nationale et une délibération internationale, un contrat national précédant un contrat international, nous n'attendons pas une délibération internationale pour tenir compte de l'étranger et des étrangers.

RESTER, PARTIR, REVENIR

Soliae : Est-ce la seule différence avec ces théories contractualistes ?

Xénotrope : Non, ne sachant pas où nous sommes, nous devons aussi choisir si nous voulons rester, quitter le pays ou y revenir et à quelles conditions.

Soliae : Pourquoi ne pas simplement rester chez soi ?

Xénotrope : Je te rappelle que nous pouvons être à l'étranger et que pour être « chez nous », il faut dans ce cas y revenir depuis l'étranger.

Soliae : Mais pourquoi partir ?

Xénotrope : Peut-être pour fuir des persécutions ou la misère.

Soliae : Mais c'est à nous de bien choisir des principes de gouvernement qui éviteront ces calamités.

Xénotrope : Certes, mais la voix off qui s'est adressée à nous devrait actualiser ses connaissances scientifiques. La climatologie nous apprend que plusieurs territoires, parfois des pays entiers, sont en voie de désertification ou de submersion. Ils peuvent aussi être la proie d'inondations ou d'incendies. Voulons-nous mourir noyés ou brûlés, bien installés chez nous ?

L'étranger peut être notre refuge et l'exil notre salut.

Soliae : Nous ne vivrons donc qu'au rythme des contraintes climatiques, sans gouvernail politique ?

Xénotrope : C'est aussi une question de libre choix si la résidence « chez soi » n'est plus donnée. Nous devons donc décider d'emblée des règles d'appartenance au pays X et des règles de résidence, d'entrée, de départ et de retour dans le territoire pour les Xiens et les non-Xiens.

Soliae : Mais pourquoi donc ? N'avons-nous pas d'emblée nos droits de citoyens Xiens en Xie ?

Xénotrope : C'est une question d'intérêt bien compris et de justice. Supposons que nous ne définissions pas d'emblée les conditions d'entrée, de sortie du territoire et de retour, à l'instar des délibérations contractualistes nationales. Nous pourrions nous retrouver à l'étranger une fois le voile d'ignorance levé. Si les frontières sont closes par les Xiens résidant sur le territoire, ceux à l'étranger seraient exclus du pays, et pourraient à terme perdre leur citoyenneté, si celle-ci est liée à la résidence. Il est de notre intérêt de définir des critères de citoyenneté ne séparant pas les droits de résidence de ceux d'émigration ou de retour.

Soliae : Mais pourquoi donc envisager les droits des étrangers en Xie ?

Xénotrope : Nous pouvons être à l'étranger, il serait étonnant que des étrangers ne soient pas présents sur notre territoire. À moins de fonder notre société sur Mars sans Martiens, la présence d'étrangers est un trait normal des sociétés humaines : la coopération sociale est aussi fondée sur leurs activités. Il n'est pas dans notre d'intérêt d'en faire des clandestins ou des parasites. Il faut donc définir les principes de leur participation à la coopération sociale. Selon leur rôle, leur participation aux décisions publiques pourra apparaître judicieuse. Surtout si elle permet de bénéficier soi-même d'un droit comparable à l'étranger. Le sort que nous leur réservons reflète certainement celui qui nous est réservé à l'étranger. Donc, en même temps que les droits des citoyens, nous devrions d'emblée déterminer les droits des étrangers, notamment ceux de visite ou de résidence.

Soliae : Pourquoi nous *devrions*?

Xénotrope : En matière de droit des citoyens et des étrangers, nous ne sommes pas libres de faire n'importe quoi, et tant mieux. Expression du lien entre politique étrangère et intérieure, des règles de réciprocité entre pays semblent raisonnables sous voile d'ignorance. Elles détermineront le traitement des étrangers sur notre territoire et notre traitement à l'étranger.

Soliae : Mais tu parles là d'un fait ou d'une norme?

Xénotrope : S'il s'agit d'accorder des droits à des persécutés ou des exilés climatiques, voilà des mesures raisonnables et souhaitables sous voile d'ignorance. L'étranger n'est pas seulement une limite ou une contrainte, il peut être notre refuge et l'exil notre salut. C'est pourquoi il est rationnel de définir dans une même délibération les statuts de citoyens, d'étrangers résidents ou visiteurs, et de réfugiés.

Soliae : En as-tu fini avec les différences d'avec le contractualisme classique?

Une délibération sur le territoire

Xénotrope : Non, notre situation modifie aussi le rapport au territoire. Puisque certains sont menacés de disparition, notre ignorance est vertigineuse : nous ne savons même pas si notre territoire existe encore.

Soliae : Et cela n'était pas envisageable dans les théories du contrat social ?

Xénotrope : Dans ces théories, on présuppose qu'à la sortie d'un état de nature ou une fois le voile d'ignorance levé, on se trouvera sur un seul et même territoire et non sous l'eau. Le territoire et son existence continue ne sont pas un bien à distribuer, ni même un objet de délibération[51], mais un simple fait ou une circonstance de la justice ensuite tenue pour acquise[52]. Chaque peuple, une fois définis les principes d'une société juste, peut et doit trouver les bases de sa subsistance et de son autonomie avec ses ressources propres. L'ingéniosité humaine a permis que des sociétés prospèrent sous le niveau de la mer, dans des glaces, des déserts ou sur des failles sismiques[53]. Une société juste, dans sa politique intérieure et extérieure, est ensuite sur le chemin de la paix perpétuelle[54].

Toutefois, ce principe d'autonomie suppose une stabilité territoriale minimale, au sens non juridique, mais naturel de la terre. Or, de petits pays de basse altitude pourraient perdre leur territoire et leur autonomie, par l'effet d'un réchauffement climatique dont ils ne sont pas responsables. Loin d'être sur un chemin durable, une société juste, vivant en paix avec ses voisins, peut simplement disparaître.

Notre expérience de pensée thématise le territoire comme étendue terrestre, sa durabilité et son existence même. Les présupposés non discutés d'une délibération nationale deviennent explicites et parties intégrantes de la délibération : la délimitation de notre groupe ; la stabilité physique et naturelle du territoire.

Soliae : Avec tous ces changements, à quelle question devons-nous répondre ?

Xénotrope : Nous devons assurément reformuler les questions qui se posent à nous : nous devons décider de rester, de partir ou de revenir. Manifestement, la possibilité d'émigrer serait d'autant plus importante que le territoire serait submergé ou invivable.

Soliae : Mais c'est un choix individuel et non politique.

Xénotrope : Face à la possible perte du territoire, ce peut être un choix collectif de partir durablement à l'étranger et d'affirmer (ou non) ses droits au retour.

Candide : Mais où irons-nous ? Envisages-tu d'emblée un au-delà de l'Xie ?

Soliae : L'au-delà, bien vu ! car c'est bien la mort de l'Xie que tu proposes.

LA POSSIBILITÉ LOGIQUE DU PAYS VIDE

Xénotrope : Ce serait le cas dans le contractualisme classique. Notre situation, toutefois, ouvre une nouvelle possibilité logique, celle de pays vides. Par une hypothèse extrême, on peut envisager qu'ayant choisi et approuvé nos principes de gouvernement, une fois le voile d'ignorance levé, nous soyons tous à l'étranger, sans pouvoir (ni peut-être vouloir) rentrer, peut-être sans territoire, s'il a disparu. Ces principes peuvent être justes et efficaces économiquement et notre pays vivre en paix avec ses voisins. Mais cette société juste serait un pays vide.

Cette possibilité est absente des délibérations nationales, où la population est comme assignée à résidence ; elle n'a pas d'autre possibilité que d'être là. Une fois les principes de gouvernement établis, il n'est pas envisageable que le pays se retrouve vide.

Soliae : Ce vide est-il celui d'un état de nature ? D'une terre vierge ?

Xénotrope : Non, le pays vide en est l'opposé. Dans un état de nature, dépourvu de droits, de structures sociales ou politiques, les nouveaux arrivants établissent les règles de leur pays *ex nihilo*, n'ayant affaire qu'à de la nature et non à d'autres sociétés humaines. En revanche, le pays vide est doté de structures juridiques, sociales et politiques et d'une reconnaissance internationale. Il est simplement vidé (ou privé) de sa population et/ou privé de son territoire. Il serait plutôt à rapprocher des villes fantômes qui ont leurs rues, leur histoire, une organisation et des représentants municipaux défunts ou partis ailleurs.

Soliae : Ce pays vide est une exception *dans*, ou plutôt, *à* la philosophie politique.

Xénotrope : Non, il représente plutôt un cas extrême et non une exception. Il est le contraire d'un pays *in vitro*, conçu dans une bulle, le contraire d'un pays solipsiste. Le pays solipsiste ignore les étrangers, l'étranger et tout ce qui en provient. Un pays non solipsiste est fondé sur le droit international et des échanges passés ou présents avec l'étranger et les étrangers. Les pays sans continuité territoriale n'ont pas d'unité sans ce droit et ces échanges. Le pays vide en est la forme extrême : son existence dépend entièrement du droit international, de l'étranger et des étrangers. Il n'existerait que par son siège dans des instances internationales, par un gouvernement et une population en exil. Il n'aurait plus d'autre territoire habitable que ses ambassades à l'étranger. Politique 'intérieure' et politique étrangère seraient indissociables.

Candide : Un pays réfugié trouvant son salut à l'étranger !

Soliae : Bien étrange nouveauté ou pure fiction.

Xénotrope : Revenons à des cas plus communs. Un aller simple peut être la condition de notre survie. Le pays se vide alors de sa population. Le retour de l'étranger peut être la condition d'existence d'un pays vidé de sa population. Ces possibilités extrêmes nous éclairent sur des situations plus ordinaires. Notre position met en évidence que l'ensemble des pays (et pas seulement les pays vides) vivent de migrations et d'allers et retours entre les pays. Le pays vide est bien un extrême et non une exception.

Soliae : Et, selon toi, quand peut-on finalement acter sa mort ?

Xénotrope : D'autres étapes mèneraient effectivement à sa disparition. Si les citoyens du pays vide vivant à l'étranger abandonnaient leur citoyenneté, ce pays perdrait sa population. Enfin, il cesserait entièrement d'exister s'il perd sa reconnaissance par d'autres pays.

ADHÉSION VOLONTAIRE OU DÉTACHEMENT

Soliae : Un pays qui n'existerait que par l'adhésion de sa population ?

Xénotrope : Tout à fait, ce serait le moins répressif. Difficile pour son gouvernement de poursuivre une politique autoritaire. On ne peut interdire l'émigration à une population déjà en exil, ni aisément l'y réprimer. Certes, il peut y avoir des assassinats politiques dans des ambassades, mais il est difficile d'en faire une politique générale.

Il faudra donc trouver d'autres ressorts à l'attachement politique que la violence, l'intimidation et la contrainte. Un tel pays n'existerait que par l'adhésion libre de ses citoyens.

Soliae : Mais n'est-ce pas un pays que ses citoyens ont déserté ? Le système politique contre lequel ils ont voté par la fuite ! Bref, un lamentable échec.

Xénotrope : Si plus personne ne souhaite rester Xien, alors l'Xie disparaîtra. Elle ne peut s'imposer comme une entité autonome qui effacerait la voix des Xiens. Notre situation rappelle donc qu'un pays n'existe pas sans sa population, même s'il n'existe pas seulement par elle.

Cette possibilité du pays vide pose donc la question de l'attachement, ainsi que celle du départ et du détachement. Qu'est-ce qui crée de l'attachement à une portion de la terre, à un pays, à une société ?

Soliae : Effectivement, que signifie le départ ? Un sauve-qui-peut ? Un désaveu ?

Xénotrope : Allons plus loin, le pays vide pose la question de notre attachement réciproque : nous pourrions partir ensemble, mais aussi dans des directions différentes. Pourquoi continuer à dire « nous » ? Pourquoi ne pas s'intégrer au pays Z ou Y, pour que leur « vous » devienne notre nouveau « nous » ? Ou nous assembler dans un « nous » commun de l'humanité ? C'est ce qu'il nous faudra décider, au moins dans le principe, je suppose.

NOMADES ET SÉDENTAIRES, AUTOCHTONES ET MIGRANTS

Soliae : Tu as critiqué les constructions politiques qui ignorent l'étranger et les étrangers. Ne pêches-tu pas en sens inverse ? N'en viens-tu pas à valoriser les migrations et les migrants, quitte à déprécier un mode de vie sédentaire ? Ne réduis-tu pas les droits des résidents antérieurs et des peuples autochtones ? Ne légitimes-tu pas les invasions plus ou moins pacifiques ?

Xénotrope : Il est trop tôt pour parler en termes de droits, de bénéfices ou statuts à accorder aux uns et aux autres. C'est ce dont nous devons décider. Pour l'heure, analysons seulement notre situation et ses implications. Favorise-t-elle le nomadisme plutôt que le sédentarisme, les migrations plutôt que la résidence ? Ni l'un, ni l'autre. Nous pourrions tous être nomades et migrants. Nous pourrions aussi être autochtones et sédentaires, installés dans nos frontières. La sédentarité et le nomadisme, la résidence dans son pays ou la migration à l'étranger sont placés à égalité ; aucun de ces modes de vie n'est imposé, ni disqualifié. Tous ont la même dignité. Tous ont une voix égale.

Cliophile : Tu sembles supposer que résident antérieur, autochtone et sédentaire, c'est une même chose. Nous pouvons être nomades et autochtones. Des populations dites autochtones peuvent provenir de migrations antérieures. Elles peuvent être nomades, pratiquant la chasse ou des élevages très extensifs, plutôt que l'agriculture. Inversement, le sédentarisme et l'agriculture peuvent être le fait d'immigrés récents.

Xénotrope : Pardon, tu as raison. Ne pas privilégier les sédentaires, ce peut être ne pas discriminer les autochtones.

Cliophile : Sans compter que des populations autochtones peuvent avoir subi des déplacements forcés. Se pose alors la question de leur éventuel retour. Leur rapport à leur territoire est aussi affaire de récupération et non d'attachement originaire et ininterrompu à la terre des ancêtres. La question n'est donc pas celle de l'autochtonie pure et simple, toutes les populations ayant migré, de gré ou de force, à travers l'histoire, mais des droits des résidents antérieurs et du refus des conquêtes violentes.

Xénotrope : Revenons donc à la question : favorisons-nous les migrants au détriment des résidents antérieurs ou des sédentaires ? En envisageant les divers cas de figure, on peut répondre non.

Si nous sommes à l'étranger, nous serions étrangers à l'étranger, confrontés aux structures sociales et politiques d'un autre pays, et non Robinson sur une île déserte et à domestiquer.

Si nous sommes sur notre territoire, nous pouvons être nouveaux arrivés, vieux sédentaires ou peuples dits autochtones, préexistant même à l'instauration d'un État comme forme juridique. Pouvant être autochtones, nous n'encouragerons pas les velléités conquérantes et les colonisations. Notre situation met au contraire en garde contre quiconque rentrerait dans notre territoire pour s'installer à notre place, mais aussi contre les colonisations internes par de nouveaux Xiens.

Enfin, de retour, nous aurions affaire à notre propre société, à nos concitoyens restés sur place. Et même vide, notre pays ne serait pas un no man's land : il garderait ses structures juridiques, son histoire.

Que nous soyons « chez nous », à l'étranger ou de retour, nous sommes ou arrivons dans des lieux déjà occupés, dans des sociétés avec leurs structures déjà constituées. Nous n'avons pas affaire à des terres vierges à conquérir, où le combat se ferait contre la nature. Dans cet imaginaire, la terre vierge n'appartient à personne. Elle est *terra nullius, terra incognita*, terrain de découverte pour des explorateurs et d'appropriation légitime pour des colonisateurs. Les théories de l'état de nature ou de la frontière peuvent favoriser la réduction des peuples autochtones à des choses ou à des peuplades sans droits, que l'on peut chasser ou détruire. Voilà autant d'expressions d'un solipsisme politique.

Un rapport initial au passé et au déjà-là

Cliophile : Ce que tu dis est très juste. La possibilité du retour nous confronte à du passé, à du préalable. Rentrer, c'est avoir affaire à un déjà-là humain et non seulement naturel. C'est aussi une différence importante avec les théories contractualistes fondées sur un état de nature ou un voile d'ignorance. Rentrer, même dans un pays grandement changé, c'est encore retrouver de l'ancien, des structures sociales et de pouvoir antérieures, aussi modifiées soient-elles.

Bien sûr, nous ne savons rien de notre pays, ni de son histoire. Mais nous savons que tout pays a une histoire, probablement faite de guerres et de violences reçues et infligées, parfois avant l'existence d'un État internationalement reconnu. Notre situation économique actuelle, favorable ou défavorable, peut découler de transactions consenties ou d'appropriations illégitimes, de colonisation ou d'esclavage. Ni notre territoire, ni les biens que nous consommons ou échangeons ne sont des mannes célestes, tombées du ciel[55]. Notre pays peut avoir pâti d'invasions, être fondé sur des meurtres de masse ou des expulsions massives de populations. S'il est majoritairement peuplé d'immigrants, il est probablement un lieu de crimes de masse plutôt qu'une domestication de terre vierge.

Cette conscience d'un passé, peut-être sanglant et cruel, peut-il changer notre regard sur notre territoire et sur nous-mêmes ? Est-ce un territoire que nous occupons pacifiquement, que nous ou nos ancêtres avons seulement protégé d'agressions extérieures ? L'avons-nous (ou nos ancêtres) conquis par la violence ? Et nous-mêmes ou nos ancêtres, sommes-nous des criminels ou leurs victimes ? Ou les deux, l'histoire regorgeant certainement de pays alternativement conquis et conquérants.

Xénotrope : Tu as raison. Si nous avons été chassés par des violences, voulons-nous que le crime paye ?

Cliophile : Nous devions chercher les principes d'une société juste. L'expérience du possible retour peut offrir un fondement ou un crible pour les justices transitionnelles dont le principe est de faire face au passé[56]. On peut voir tous les pays sous la forme d'un possible retour. L'instauration d'une société juste devra tenir compte du passé, peut-être sous la forme d'un principe de correction des injustices, de réparation, de sanction des crimes, de purge, de lustration, voire d'amnistie. Ce sera à nous d'en décider.

Soliae : Mais n'est-il pas préférable de tourner la page du passé ?

Cliophile : Même si nous le faisons, nous saurons que le nouveau a affaire à de l'ancien. Tout nouveau régime devra prendre en compte l'héritage du précédent, que ce soit pour le reconduire, le réformer, le corriger, le renverser ou feindre de l'ignorer. L'impunité, l'amnistie ou l'amnésie apparaîtront comme des choix politiques délibérés et non comme la conséquence naturelle de la sortie d'un état de nature ou d'une position originelle anhistorique et irénique.

Chapitre V

QUAND SOMMES-NOUS ?
UNE EXPÉRIENCE DE PENSÉE POST-POSTMODERNE

Une nuit se passa – ou pas. Y avait-il des nuits sous voile d'ignorance ? Peut-être seulement une longue pause ou un silence.

Xénotrope : Il me semble que nous sommes sur la bonne voie : le brouillard qui nous entoure semble moins épais. Vos voix me semblent plus distinctes, moins étouffées. Nous comprenons mieux notre situation et savons à quelles questions nous devons répondre. Que décidons-nous ?

QUE SAVONS-NOUS ?

Candide : Pause. Quand je vous entends parler de climatologie, de contractualisme, de solipsisme, de droit, je me demande bien comment vous savez tout cela. Ne sommes-nous pas sous voile d'ignorance ? Y restez-vous scientifiques, juristes ou philosophes ?

Xénotrope : Plus probablement, nous l'y devenons. Nous n'avons jamais été aussi savants que sous ce voile d'ignorance. Car nous y « connaiss[ons] les faits généraux de la société humaine. Nous comprenons les affaires politiques et les principes de la théorie économique. Nous connaissons les bases de l'organisation sociale et les lois de la psychologie humaine. Nous sommes censés connaître tous les faits généraux qui affectent le choix des principes de justice. Il n'y a pas de limitation dans l'accès aux informations générales, c'est-à-dire aux lois générales et aux théories »[57]. Or il y a bien des théories scientifiques, juridiques ou philosophiques. Profitons-en pour nourrir nos raisonnements.

Candide : N'es-tu pas en train de lire notre mode d'emploi ? N'est-ce pas tricher ?

Xénotrope : Ce n'est pas tricher que de citer *La Théorie de la justice* : c'est bien une théorie. Et nous avons un accès illimité aux théories. Et c'est bien sur ce modèle qu'a été conçue notre position.

Candide : Mais comment savons-nous tout cela ? Pas par expérience personnelle ; nous ne la connaissons pas.

Xénotrope : Je ne connais pas plus que toi le fonctionnement de cette expérience de pensée : peut-être a-t-on branché nos cerveaux sur d'immenses bibliothèques virtuelles.

Candide : Et que comportent-elles ?

Xénotrope : Je suppose qu'elles contiennent les lois scientifiques générales : nous devons tenir compte des lois de la physique, de la biologie, des sciences médicales. Il serait plaisant d'imaginer un pays sans loi de la pesanteur, sans besoins du corps, ni maladie. Pour y vivre, toutefois, il ne faudrait jamais quitter le monde des fables. Il ne faut pas oublier la climatologie, les sciences de l'environnement, la zoologie, si nous voulons vivre quelque part sur terre, et non dans un conte de fées.

Cliophile : Pour connaître les affaires politiques, les bases de l'organisation sociale et les faits généraux qui affectent le choix des principes de justice, il nous faut au moins connaître les sciences politiques, l'économie, l'anthropologie, la sociologie, la démographie.

Xénotrope : Il faudrait rajouter les théories des relations internationales, les théories des migrations, celles du droit international qui est commun à tous les pays.

Candide : Et les *gender studies* et les *postcolonial studies*?

Xénotrope : Je ne vois aucune raison de les exclure si elles nous aident à débusquer des discriminations cachées.

Cliophile : L'étude de certaines disciplines, toutefois, n'est peut-être pas compatible avec ce voile d'ignorance, comme la linguistique et la géographie. Heureusement pour ce dispositif, on ne trouve pas l'Xien dans les manuels de linguistique, ni le territoire X dans les manuels de géographie. Mais, si nous parlions le tchèque, le finnois ou l'italien, nous n'aurions pas besoin d'être fins limiers pour identifier notre pays! Il nous faudra bien poser la question de la langue.

Xénotrope : Certes, mais chaque chose en son temps. Et, tu l'as dit, on ne trouve rien dans les manuels de linguistique ou de géographie pour lever notre ignorance sur l'Xie.

Candide : Et l'histoire?

Xénotrope : La réponse est moins évidente : nous sommes censés ne connaître que des faits généraux et l'histoire traite d'événements singuliers.

Cliophile : Certes, mais comment comprendre les théories économiques sans avoir aucune idée des différentes crises économiques ? Du succès ou de l'échec du libre-échange ou du protectionnisme, du communisme ou du libéralisme économique ? Comment comprendre les affaires politiques si l'on n'a pas conscience des risques de guerres, y compris civiles ? La théorie de la justice n'accorderait pas tant d'importance à la tolérance si les guerres de religion n'en avaient pas imposé la nécessité. Il faut des connaissances historiques pour envisager la liberté de conscience sous voile d'ignorance.

Candide : Pourquoi donc ?

Cliophile : Il faut savoir qu'il existe des religions et qu'elles peuvent diviser les hommes plutôt que de les réunir, que la foi peut être affaire seulement privée. Tout cela est un produit de l'histoire. Comment pourrions-nous d'ailleurs avoir accès aux théories politiques de la tyrannie, du totalitarisme, de la démocratie sans avoir aucune idée des régimes leur correspondant ? Nous ne connaissons pas encore des dates précises ou des noms propres, mais on peut tabler sur notre connaissance de faits généraux comme les grandes périodes de l'histoire, les types d'événements (crises politiques ou économiques, guerres, révolutions), des types de régimes politiques (absolutistes ou parlementaires), des formes diverses de persécutions ou de discriminations (génocide, esclavagisme, inégalités de droits).

Candide : Et la philosophie ?

Xénotrope : Cela va de soi, me semble-t-il. Comment pourrions-nous comprendre les théories intelligemment si nous n'en comprenons pas les principes et fondements ? Comment pourrions-nous choisir nos principes de gouvernement et de justice, si nous n'en connaissons pas les différentes théories philosophiques ?

Candide : Et le solipsisme politique dont quelqu'un a parlé ?

Xénotrope : Cela semble une théorie très appropriée pour éclairer notre situation, *a contrario*. Il serait fort utile de nous appuyer sur ses définitions et ses acquis. Car il nous est bien impossible d'être solipsistes politiques. Peut-être même en sommes-nous la réfutation pratique.

Nous échappons même d'emblée à toute forme de nationalisme méthodologique.

Cliophile : Nous acquérons ainsi une vision plus riche des pays eux-mêmes, avec les pays qui se vident ou se construisent sur des retours.

Candide : Nous voilà partis dans bien des directions. Nous devrions tenir compte de la politique intérieure et étrangère, de l'étranger et des étrangers, d'un possible exil et retour, des autochtones et des migrants, des sédentaires et des nomades, du territoire, du passé, du détachement et de l'attachement à notre pays. Avec cette possibilité du pays vide, n'est-ce pas trop de problèmes à envisager ? J'avoue avoir un peu le vertige.

EXTENSION DE L'ÉGALITÉ ET DE LA LIBERTÉ

Cliophile : C'est beaucoup de questions, mais une tendance se dégage, me semble-t-il, celle d'une extension de l'égalité.

Candide : Que veux-tu dire ?

Cliophile : À mesure que croît notre ignorance, nous voilà placés dans une situation d'égalité accrue. Si nous sortions d'un état de nature, ou étions sous voile d'ignorance dans la *Théorie de la Justice*, nous serions en position d'égalité, sans différence sociale. Ignorant de surcroît où nous sommes, c'est une égalité nouvelle entre la politique intérieure et la politique étrangère, entre les positions d'exilés et de résidents, de nomades et de sédentaires, d'« autochtones » ou de migrants, entre ceux qui peuvent perdre leur territoire et ceux y sont durablement installés.

Xénotrope : C'est aussi une extension de liberté. Auparavant, des choix se faisaient d'eux-mêmes, faute d'être thématisés. Nous étions sédentaires, chez « nous », oublieux du passé, comme si cela allait de soi. Maintenant, nous savons que nous pouvons être nomades, ou à l'étranger ou faire face au passé. Et si nous choisissons la sédentarité ou l'amnésie, ce sera un exercice de liberté et non de fatalité.

Exerçons donc cette liberté de choix. Nous savons à quelles questions nous devons répondre, nous mesurons mieux notre ignorance et nos connaissances. Décidons.

Pardon. Pas si vite, avons-nous suffisamment analysé cette situation ? Je n'ai pas encore pris la parole. Peut-être suis-je trop timide.

Candide : On peut être timide sous voile d'ignorance ?

Xénotrope : Ce serait fort curieux, nous ne devrions avoir que des dispositions d'esprit, pas des sentiments. Seuls des styles de raisonnement peuvent nous distinguer.

Alors disons que je suis perplexe, probablement un sceptique chronique.

Xénotrope : Eh bien, bonjour Perplexe !

DATATION ET GÉNÉRATION

Perplexe : Nous ne savons pas où nous sommes, mais à vous écouter, je me demande aussi quand nous sommes. Dans la *Théorie de la justice*, sous voile d'ignorance, on ne sait pas à quelle génération on appartient. Et quand je vous entends parler de pays, je ne sais pas non plus à quelle époque nous appartenons. Pourquoi parler tantôt d'États, tantôt de pays ? Vivons-nous dans un monde d'États ?

Cliophile : Voilà de redoutables questions. Sérions les difficultés.

Nous savons que nous vivons dans un monde divisé en États. Notre situation, déjà fantaisiste, ne suppose pas qu'une fois le voile d'ignorance levé, passés par une machine à remonter le temps, nous nous retrouvions dans la préhistoire, dans l'Antiquité, dans un monde de cités, ou dans une époque médiévale de royaumes. Nous avons accès à suffisamment de théories pour savoir que nous sommes les produits d'un monde moderne. Puisque nous connaissons la théorie de la relativité, nous vivons au moins au XXe siècle et pleinement conscients du réchauffement climatique, nous vivons certainement au XXIe siècle. D'ailleurs, nos bibliothèques virtuelles s'arrêtent à l'étude du XXIe siècle et pas du XXIIe siècle. Sommets d'ignorance sur nous-mêmes, nous restons quand même fils et filles de notre temps.

C'était d'ailleurs le cas dans la *Théorie de la justice* : nos prédécesseurs y réfléchissent dans un monde de territoires délimités, semblant tenir pour acquis un principe de territorialité et un droit du sol. Et leur refus des discriminations manifeste une conscience aiguë des ravages du racisme.

Perplexe : Pourtant ils ne savent pas à quelle génération ils appartiennent.

Cliophile : De leur pays je suppose : ils ne savent pas s'ils en sont la génération fondatrice ou s'ils héritent d'obligations ou de dettes des générations précédentes. De cette manière, ils ne proposent pas des programmes de gouvernement dispendieux qui seraient financés par la dette et les générations futures : ils pourraient en porter le fardeau.

PAYS OU ÉTATS

Perplexe : Mais pourquoi parlez-vous de pays si nous vivons dans un monde divisé en États ?

Cliophile : On trouverait certainement des exemples de notre situation à travers les siècles et continents, au-delà des États modernes. Si nous contribuons à la réfutation du solipsisme politique, cette réfutation porte d'autant plus qu'elle traite d'un monde d'États. L'État solipsiste y est un non-sens juridique. Mais le solipsisme politique n'est pas limité à la forme de l'État. L'impérialisme peut être un solipsisme, si les frontières de son monde sont le monde. Il y a des solipsismes antiques qui ne connaissaient pas l'État moderne, des solipsismes étatiques et des solipsismes impériaux. La tendance à occulter l'étranger et les étrangers n'est pas propre à une époque, une forme politique ou une philosophie.

Perplexe : C'est donc un choix de neutralité ?

Cliophile : Oui, mais pas seulement. Parler de pays plutôt que d'État procède aussi de raisons linguistiques. Il n'y a pas d'étude du Xien dans notre bibliothèque virtuelle, mais on en trouve du français, qui lui ressemble

étrangement. Le terme *pays* y est d'un usage plus large
que celui d'*État*. Il peut désigner des États indépendants
et souverains dans le langage ordinaire où l'on peut parler
des pays d'Afrique. Le terme *pays* peut donc renvoyer à
un statut juridique en droit public international moderne.
Mais il ne s'y réduit pas : on parlait du pays des Lotophages,
dans l'Antiquité. Il y a des pays rêvés, des pays imaginaires
qui n'ont certes pas de statut en droit international !

Un pays a aussi des paysages, des couleurs, des odeurs
que n'incarne pas la dimension juridique de l'État, ni celle
géographique du territoire. On dit avoir le mal du pays et
non le mal de l'État. On parle volontiers de l'État comme
d'un monstre froid[58], mais on parle volontiers de « mon
pays » ou du « plat pays qui est le mien » ou de « rentrer
au pays » pour un exilé rentrant chez lui. Le mot d'ordre
« vouloir vivre au pays » (« Volem viure al pais » pour les
occitanistes) dépasse d'ailleurs la revendication d'un État
indépendant. Le pays, dans le langage ordinaire, désigne
une dimension d'attachement affectif. Et, nous l'avons
vu, notre situation pose aussi la question de l'attachement,
du détachement ou ré-attachement à un pays.

Le terme « pays » reste ainsi neutre : certains y voient
d'abord une dimension de construction juridique en droit
public interne et international ; d'autres, le lien entre
pays et société ou une dimension historique, affective,
d'attachement.

De surcroît, dans l'hypothèse des pays menacés de
disparition par submersion, il y a une incertitude sur leur
statut juridique futur. On ne sait pas s'ils resteront des
États après avoir perdu leur territoire.

Perplexe : Mais pourquoi ne pas parler de société juste
ou de société politique ?

Cliophile : Mais parce qu'un pays a un emplacement géographique, même imaginaire, situé et limité par d'autres pays, ce que n'expriment pas les idées de société juste ou de société politique, ni *a fortiori* de peuple. Et la question est aussi, où atterrirons-nous ?

SOLIPSISME POLITIQUE OU STATOCENTRISME

Perplexe : Pourtant, cette critique du solipsisme politique ne se réduit-elle pas à celle du statocentrisme ? Elles ont en commun de critiquer l'État comme une réalité en soi et par soi, close et auto-suffisante, et une vision du territoire comme un contenant enfermant la société à l'instar d'un contenu[59].

Cliophile : Tu as raison, ces critiques se recoupent mais seulement partiellement. Le statocentrisme peut être pris en plusieurs sens. Il peut désigner l'attention exclusive à l'État et non à la société dans un pays donné. On peut alors le critiquer en mettant en évidence les relations sociales interpersonnelles ou les micro-pouvoirs plus anonymes[60]. Mais cette critique peut rester enfermée dans les frontières étatiques. Elle peut rester solipsiste si, par exemple, elle analyse l'armée et sa discipline comme une police, seulement tournée vers l'intérieur[61].

Le statocentrisme désigne aussi le privilège accordé à l'État dans les relations internationales réduites à des relations interétatiques[62]. On ne peut pas alors être stato-centrique et solipsiste radical, même si le statocentrisme sépare clairement la politique extérieure et la politique intérieure et reste tributaire d'un mythe de l'intériorité.

Il y a donc des solipsismes politiques statocentriques, d'autres non. Des statocentrismes solipsistes et d'autres non.

Perplexe : Donc selon vous notre situation est intemporelle…

UNE EXPÉRIENCE POST-POSTMODERNE ?

Cliophile : Tu marques un point : on peut difficilement être intemporel et fils ou fille de son temps. Conceptuellement, il y a des solipsismes politiques antiques ou modernes. Mais il est plus éclairant de voir notre situation comme le produit d'une évolution. Ne représente-t-elle pas le passage d'une expérience moderne, celle de la création de l'État, à une expérience postmoderne, celle d'un possible dépassement de l'État ? Voire à une expérience post-postmoderne de retour à l'État ?

Perplexe : Que veux-tu dire ?

Cliophile : Je m'explique, mais je vais être un peu long. Je ne vais pas parler des faits, mais des conceptions. L'époque moderne marquerait la naissance d'États souverains, seuls maîtres chez eux, ne devant leur légitimité à aucune autorité supérieure ou extérieure, religieuse et pontificale. Les cités médiévales pouvaient être ceintes de remparts, mais elles pensaient leur légitimité politique au-delà de leurs murs, dans des systèmes de vassalité ou d'allégeances.

Les théories du contrat social en sont exemplaires. La fiction d'un état de nature reflète cette tendance solipsiste à effacer l'extériorité, à voiler le passé, à inventer des origines. Elles correspondent aussi à l'instauration d'un nouveau régime qui commence à l'an I de la Révolution. L'adhésion à la société est volontaire et rationnelle. Sans ingérence extérieure, les citoyens décident seulement pour leur société, sur leur territoire. En obéissant aux lois, les citoyens n'obéissent qu'à eux-mêmes.

La résidence (chez soi) et la mono-citoyenneté sont la règle. On ne délibère pas sur les règles d'entrée et de sortie. D'ailleurs, le choix d'une justice distributive favorisant le plus défavorisé est fondé sur un intérêt bien compris : ce peut être l'un d'entre eux et non un nouveau « plus défavorisé » arrivant de l'étranger.

On n'envisage la relation avec l'extérieur qu'une fois le contrat établi. Un contrat entre les États respectant réciproquement leur autonomie est ultérieur. Dans un monde ainsi régi par des principes de justice nationale et internationale, les guerres et la grande pauvreté devraient disparaître et, avec elles, les migrations de masse. Les migrations deviendraient alors résiduelles.

Perplexe : Mais que fait-on des nombreuses situations historiques (protectorats *de jure* et *de facto*) qui sont autant de limitations à cette souveraineté ?

Cliophile : Elles apparaissent plutôt comme des exceptions temporaires et à dépasser. Les interventions humanitaires visent à restaurer l'autonomie des sociétés. Quant aux pays qui ne parviennent pas à se conformer à ce modèle, ils sont considérés comme des États faillis (*failed states*). Voilà donc les grands traits d'une expérience de pensée politique moderne.

Perplexe : Ta reconstruction est curieuse. C'est celle des philosophes, mais pas des historiens. Tu nous proposes un grand roman de l'État, sans alternative, seul face à sa propre légitimation. C'est oublier que les grands États ont aussi été des empires, notamment coloniaux.

Cliophile : Tu as raison, mais ce grand roman a ses vertus, dire ce que l'État devrait être. Et les théories du contrat social critiquent ces expansions coloniales.

Perplexe : Ou elles les légitiment à travers un état de nature occultant les droits des indigènes et des nomades[63]. Et comment séparer les principes et les réalités ?

Xénotrope : Ce débat sur les principes et les réalités est passionnant, mais sommes-nous les mieux placés pour le poursuivre ? Vous pourrez aller aux archives ou sur le terrain lorsque vous quitterez le voile, si j'ose dire. Pour l'heure concentrons-nous sur les principes. Tu nous avais parlé d'une expérience postmoderne ? Que veux-tu dire ?

Cliophile : L'expérience moderne est celle de l'entrée dans l'État. L'expérience postmoderne est celle de la sortie de l'État. L'envers de la fiction du contrat social – et non son contraire – se révèle dans le problème des apatrides. Dans un monde d'États où l'on obtient ses droits par sa nationalité, supposons un individu qui a perdu son identité nationale et la protection de son État. Qu'adviendra-t-il de lui ? Qui le protègera ?

Ce peut être une expérience historique, les apatrides étant le produit de redécoupages étatiques et nationaux et de persécutions de minorités. Ce peut être une expérience de pensée. Dans le monde des fables, quel droit aurait un humain réellement tombé de la lune qui ne serait né nulle part ? Que lui serait-il accordé au titre de sa seule humanité ? Et comment se glisser sous un voile réservé aux seuls citoyens ? Que déciderait-il/elle sous voile d'ignorance ?

Xénotrope : Certainement des droits universels de l'homme non limités aux citoyens. On pourrait aussi exalter les déplacements, comme avant-gardes d'un dépassement postmoderne du sédentarisme et de l'État nation. Les nomades seraient nos éclaireurs. On pourrait même envisager que tous les peuples frappés par le dérèglement climatique deviennent nomades pour préserver une autonomie qui ne serait plus liée à un territoire.

Soliae : Certes, mais voulons-nous des grands principes ou des protections effectives ? Les nomades se heurteront vite à la nécessité de se plier aux lois d'un autre État, avec une autonomie de façade, voire à l'impossibilité d'accéder à son territoire. C'est vrai des peuples et des individus. On a vu, au XXe siècle, la faillite des théories universalistes des droits de l'homme à garantir des droits. En perdant leur nationalité, les apatrides ont perdu la protection de leur État, et ainsi toute forme de protection. Les sans-État se sont retrouvés sans droits. L'appartenance à un État représente le droit à avoir des droits[64]. Cesser d'être citoyen, c'est perdre ce droit-là. Il n'y a *de facto* point de salut hors d'un État garantissant ce droit aux droits.

Xénotrope : Tes analyses sont filles d'un temps où le droit international ne protégeait pas les individus. Il existe depuis une protection juridique et pratique des réfugiés et des apatrides. C'est une traduction de ce qui est rationnellement souhaitable : l'international et l'étranger peuvent être notre refuge. Être sans État, ce n'est donc pas être sans droits. Tu es trop pessimiste sur les ressources internationales.

Cliophile : Et trop optimiste sur les protections de l'État. On peut être sans droits, avec un État. Des États ont assassiné leurs citoyens, sans même les dénaturaliser[65]. Le droit d'avoir des droits par l'État peut être aussi illusoire que des droits de l'homme universels. Il vaut mieux être réfugié ou apatride dans certains États que citoyen d'un État génocidaire.

Perplexe : Mais tu parlais d'une expérience post-postmoderne. Que veux-tu dire ?

Cliophile : Il faut surmonter l'opposition d'une modernité étatique close et d'une postmodernité post-étatique. La vision erratique des apatrides ou réfugiés n'est que l'envers de la modernité étatique, qu'elle soit déplorée dans une vision des réfugiés comme sans État et sans droits, ou valorisée par une forme d'anarchisme ou de cosmopolitisme postmoderniste, post-étatique et post-essentialiste. Elle ne sort pas de l'alternative entre droits politiques avec *une* citoyenneté sur *un* territoire donné (où l'on réside déjà ou que l'on cherche à atteindre comme un but ultime) et absence de droits politiques en leur absence.

L'État n'existe pas sans droits ni échanges internationaux. Au XXᵉ et XXIᵉ siècle, les États les plus respectueux des droits de l'homme, les plus prospères, sont souvent membres d'unions internationales, supranationales, voire de fédérations où les citoyens peuvent exercer leurs droits dans plusieurs États.

De surcroît, notre situation ouvre une autre voie de réconciliation.

Perplexe : Comment ?

Cliophile : Nous pouvons être dans notre pays et en sortir, symboles du passage d'une modernité étatique à une sortie postmoderne de l'État. Mais nous pouvons être de retour. Pour qui redoute la vie de réfugié, d'apatride, ou des zones sous administration internationale, l'attrait du nomadisme ou d'un cosmopolitisme sans État a ses limites. Un État garant de certains droits s'avère désirable. Le retour représente alors une expérience de pensée post postmoderne de retour à un État ayant dépassé les illusions du solipsisme et ayant fait l'expérience de l'étranger et des normes internationales.

Perplexe : Je vois bien l'intérêt d'un retour chez soi pour les exilés. Mais quel est l'intérêt conceptuel de ce retour à l'État ? N'était-il pas plus simple de n'en pas sortir ?

Soliae : Absolument.

Cliophile : De retour, nous voyons ce que notre pays doit à l'étranger et au droit international. Nous apprenons à voir la construction étatique, toutes ses institutions (école, police, justice), sous un nouvel angle, celui de l'exilé, du rapatrié.

Perplexe : Mais pourquoi ne pas envisager seulement un migrant arrivant dans un nouveau pays ?

Cliophile : Parce qu'un migrant peut être un conquérant ; on peut aussi le traiter comme quantité négligeable. Dans le retour, en revanche, c'est à nous-mêmes que nous avons affaire. Nous avons intérêt à ne pas nous maltraiter.

Perplexe : Et pour ceux qui n'ont pas bougé, qu'est-ce que cela change ?

Cliophile : Ils ne se verront plus comme des autochtones, mais comme des *stayee*, des restants, qui se définissent moins par leur origine ou leur résidence que par les migrations des autres[66].

Soliae : Tu ne parles que de parcours individuels et non collectifs. Ton post-postmodernisme a donc quitté la politique.

Cliophile : Non, certains pays se fondent sur un droit au retour[67]. L'exil et le retour sont aussi des choix collectifs.

J'irai plus loin. Les apatrides individuels privés de droits étaient le produit d'une modernité étatique. La fragilité était le propre des individus, démunis face à la force des États. Qu'advient-il quand c'est l'État qui perd son territoire, qui devient apatride ? La post-postmodernité pose la question du retour à un État, conscient de sa fragilité.

CHAPITRE VI

QUI SOMMES-NOUS ?

Un beau jour, une nuit, un instant ou un silence se passèrent. Les Xiens dormirent… ou pas. Pouvait-on être fatigué, endormi ou reposé sous voile d'ignorance ?

Xénotrope : Fort bien. Nous ne savons pas qui et où nous sommes, nous savons au moins quand et pourquoi nous sommes. Nous savons à quelles questions nous devons répondre, nous avons identifié notre mission (établir une société juste sans solipsisme politique) et nos ressources (les connaissances accessibles), nous comprenons mieux notre situation (un rapport premier à l'étranger et au passé), nous en avons analysé les implications (une égalité et une liberté accrues) et la temporalité (post-postmoderne). Il me semble d'ailleurs que nous nous repérons mieux dans l'histoire et dans le temps. Forts de cette belle progression, que décidons-nous ?

Perplexe : Pas si vite. Tu dis « nous » ? Mais n'est-ce pas un raccourci, une facilité ou un abus de langage ? Ne sachant rien de nous-mêmes, rien ne nous permet de dire « nous ». Nous n'avons qu'une indexicalité temporelle et non spatiale. Nous sommes des maintenant sans ici.

Xénotrope : Formule étrange : que veux-tu dire ?

Perplexe : Nous savons que nous sommes maintenant, mais nous ne savons pas où. Avons-nous un ici commun ?

Xénotrope : Au moins nous savons que nous existons maintenant. C'est l'une de nos rares certitudes, même s'il y a eu des dialogues des morts. C'est une version dialogique du « je pense, donc je suis ». Je te parle, vous me parlez, donc nous existons.

Perplexe : Certes, mais nous sommes seulement des sujets de phrase, des « nous » grammaticaux, addition de « je » et de « tu », mais non un « nous » substantiel ou réciproque, nous liant les uns aux autres. De la certitude de notre existence, nous ne pouvons rien conclure de notre essence, ni individuelle, ni collective.

Pouvant tout connaître du monde, mais rien de nous-mêmes, nous sommes l'inverse des solipsistes. Mais, dans cette ignorance, sans passé, sans identité, sans passion, nous sommes des sujets de phrases, mais pas des sujets politiques.

Tu en restes à un doute de surface. Le mien est bien plus dirimant. Ce voile d'ignorance est une fumisterie. Les discussions philosophiques sont certainement vaines en général et je ne veux pas y prendre part. Là, on dépasse les bornes : ce voile d'ignorance ne rime à rien, ne sert à rien.

Xénotrope : Bonjour, cher inconnu. Comment souhaites-tu que l'on t'appelle ?

Je ne veux pas que vous m'appeliez car je suis contre une telle plaisanterie.

Xénotrope : Eh bien, nous t'appellerons contraire. Pourquoi te décides-tu à intervenir ?

Contraire : Déjà, ce voile d'ignorance force à philosopher. Première raison pour ne pas y participer. Mais voir Perplexe s'arroger le rôle du douteur critique, c'est trop. On n'a qu'une contestation de salon philosophique. J'irai plus loin. Vous pensez exister, mais c'est une nouvelle illusion. Je, tu, vous ou nous, peu importe ces appellations, nous voilà de simples vapeurs philosophiques, des fictions de conte ou de fable. Vous prétendez critiquer les illusions du solipsisme : mais une illusion peut-elle en critiquer d'autres ? Dans le monde des fables, peu importe le sérieux de vos discussions : décidez d'une société de parfaite égalité, ou l'inverse, de toute manière, on ne paiera pas la note du réel.

Sans plus faire semblant d'être des sujets politiques rationnels, je vote pour le monde de la fantaisie, avec des corps sans besoin, des ressources illimitées, où les citrouilles se transforment en carrosses, les crapauds en princes charmants et les désirs en réalités.

Xénotrope : Il y a quand même une différence avec les contes de fées. Ne représentons-nous pas des abstractions philosophiques, celles de l'individu libéral, rationnel, impartial et autonome ? Cet individu est censé être à distance de toute particularité, de toute partialité personnelles, professionnelles, religieuses ou partisanes. Il ou elle peut s'identifier à titre personnel à sa famille, à des idées. Mais il doit pouvoir aussi s'en détacher. C'est l'expression de la neutralité de l'État envers les différentes conceptions du bien.

Cliophile : Tout à fait. L'individu neutre est aussi un concept juridique : nous représentons des statuts juridiques de parfaite égalité et d'égale liberté. Et les lois doivent être écrites pour tout être humain, quels que soient sa couleur de peau, son revenu, ou son sexe.

Perplexe : Voilà qui éclaire notre situation : c'est le choix entre la fantaisie et une abstraction crédible, mais limitée. Nous nous pensons égaux : nous sommes citoyens de pays reconnaissant un principe d'égalité et non d'un pays qui, dans ses mœurs et ses lois, le refuse. Nous sommes le produit culturel et historique d'une philosophie politique, libérale ou républicaine, celle des démocraties occidentales. Nous n'avons rien d'universel.

Candide : Mais pourquoi n'y aurait-il pas des racistes ou des homophobes sous voile d'ignorance ?

Perplexe : C'est possible à titre individuel, mais non collectif. L'idée même de considérer également les femmes, les noirs, les Juifs, les homosexuels est exclue par les normes sociales et légales dans bien des pays. Placer ces promoteurs de l'inégalité sous voile d'ignorance serait une pétition de principe. Le voile d'ignorance ne peut pas fonder l'égalité, puisqu'il la suppose. Il en est plutôt une mise en scène pédagogique, aidant à se défaire de ses propres partialités. Il requiert de reconnaître l'égalité, au moins comme principe, même insuffisamment appliqué. On peut donc y placer des homophobes ou des racistes de pays où certaines normes publiques proclament cette égalité, car leurs pratiques et leurs croyances sont contraires aux normes dont ils se réclament par ailleurs. Nous ne pouvons donc appartenir à des pays officiellement racistes.

Contraire : Nous savons ou pourrions savoir beaucoup de choses sur nous-mêmes. Vous l'avez vous-mêmes vu pour les langues aisément identifiables, comme le tchèque ou l'italien. Jolie mystification que ce voile d'ignorance !

Soliae : Savoir que nous sommes des abstractions théoriques ou juridiques des démocraties libérales ne suffit pas non plus. Quelle crédibilité anthropologique a un être ignorant s'il est homme ou femme, blanc ou noir ? Sans identité sociale, n'est-on pas incapable de décisions politiques sensées, comme les théories communautariennes l'ont objecté à la théorie de la justice[68].

UNE IGNORANCE CRÉDIBLE ?

Cliophile : Vous voilà bien pessimistes et défaitistes ! Nous ne sommes voués ni à la fantaisie, ni à la pure abstraction, ni limités à certains pays. Notre ignorance sur nous-mêmes ne serait pas crédible, dites-vous. Mais non, vous restez tributaires d'une vision solipsiste de l'identité sociale, du moins d'une vision limitée et sédentaire.

Soliae : Selon toi, en cessant d'être solipsiste, plus besoin d'identité, d'être homme ou femme, blanc ou noir. Nous voilà bien dans la fantaisie.

Cliophile : Pas du tout, notre situation n'a rien d'absurde ou d'irréel. Elle est déjà une métaphore du futur. De quoi demain sera-t-il fait ? Riches et en bonne santé, nous pouvons devenir pauvres demain, handicapés après-demain. Ce sont les vicissitudes de la fortune. Nous prenons aussi des décisions pour nos enfants ou petits-enfants, sans savoir s'ils seront garçons ou filles, blancs, noirs ou métis.

Xénotrope : De surcroît, le réchauffement climatique peut entraîner de profonds bouleversements des sociétés, des systèmes économiques et politiques. Ce serait une plongée plus radicale dans l'inconnu.

Mais, soyons plus simples. Cette incertitude se conjugue au présent et pas seulement au futur ou au conditionnel. On peut dès maintenant perdre son travail, son statut social, vivre dans la précarité et l'incertitude.

Cliophile : C'est pire encore dans des situations de catastrophes et de guerre. On peut ne pas savoir si l'on est marié ou veuf, si l'on a (encore) une famille (sont-ils vivants ou morts ?), si l'on a une maison, un village, une ville (ont-ils été détruits ?), si l'on est riche ou pauvre (a-t-on tout perdu ?), si l'on se retrouvera seul dans un champ de ruines.

Considérons aussi les théories des migrations. Les incertitudes sur leur parcours plongent les réfugiés dans une grande ignorance. Vont-ils rester dans le pays d'accueil, repartir ailleurs ou rester ? Quelle est la situation politique dans leur pays d'origine ? Au retour, seront-ils au bas de l'échelle sociale, objet de persécution ? Quel sera leur statut social ?

Avec l'écart entre les pays, d'origine et d'exil, l'incroyable devient crédible. On peut ignorer si l'on est homme ou femme, blanc ou noir. Savoir que l'on est femme ou homme dans le pays de résidence n'implique pas qu'on le sera dans le pays de destination, qui peut être son pays d'origine. Un homosexuel, ayant quitté, enfant, un pays où la persécution des homosexuels est la norme légale et sociale et grandi en exil dans un pays libéral, est un homme dans son pays d'accueil, mais pas de retour « chez lui », si son homosexualité l'exclut du statut d'homme. Ce serait de même pour des déserteurs ou des pacifistes dans des sociétés militaristes où la masculinité se mesure aux exploits guerriers. Être une femme n'a pas la même signification selon les pays. Il devient ainsi crédible d'ignorer son identité sociale originelle au retour d'exil. On peut savoir que l'on est noir ou blanc, mais non comment l'on sera défini par la société dans laquelle on arrive ou dans laquelle on revient. Être noir aux États-Unis ne signifie pas qu'on l'est au Kenya.

Soliae : On pourrait donc ignorer son identité ?

Cliophile : Assurément. Les sciences sociales montrent la construction des identités nationales, sociales, genrées qui se révèlent fluctuantes, négociées et relatives au contexte. Plus on défend la socialité des identités, plus l'ignorance sur soi-même devient crédible. Nul besoin d'un voile d'ignorance, les migrations en offrant un analogue empirique.

Perplexe : Que veux-tu dire ?

Cliophile : L'étude du sujet des migrations ouvre des voies plus incroyables encore. Ces incertitudes s'accroissent lorsque le sujet réel des migrations est la famille, plutôt qu'un migrant solitaire. Depuis l'Antiquité, c'est en famille que l'on décide de partir ou de rentrer, dans des divisions des tâches entre hommes et femmes et entre générations. Les femmes ou les personnes âgées gardent les maisons pendant que les jeunes hommes partent[69].

La famille s'élargit aux morts. On emporte ses morts pour s'approprier de nouveaux territoires ou on rentre chez soi pour ne pas les laisser seuls. L'enterrement et le lieu de sépulture contribuent à la construction d'un sens du « chez-soi ». Dans cette division du travail familial, les morts jouent le rôle de sentinelles sur le chemin de l'exil ou du retour. Selon que les tombes sont attaquées ou laissées en paix, les vivants peuvent ou non les suivre[70].

Perplexe : Voilà qui limite l'ignorance sur soi-même et affaiblit ton argument. Si le sujet réel des migrations est familial, la connaissance de soi-même augmente avec le nombre de membres de la famille.

Cliophile : Cela peut limiter l'ignorance, mais aussi l'accroître : la division familiale des tâches modère l'incertitude lorsque les communications fonctionnent, mais l'augmente dans les situations plus chaotiques où la rumeur sème le doute.

Candide : Mais on ne peut pas ignorer si l'on est mort ou vivant !

Cliophile : Pourtant si, en tant que sujet familial ! Si je vous parle ici en tant que représentant d'une famille, je ne sais pas si ses membres sont morts ou vivants. Les réalités sociales dépassent parfois les fictions théoriques.

Perplexe : Beau paradoxe, mais où vois-tu parmi nous des « je » familiaux ?

Cliophile : Il peut y avoir parmi nous des migrants, des femmes enceintes et des parents d'enfants en bas âge. On n'est pas un sujet libéral autonome à 3 mois ou 3 ans, d'autres décident pour nous. La division familiale des migrations amplifie seulement une situation commune.

Perplexe : Soit, mais, à moins d'amnésie, la connaissance de son identité passée marque une différence significative entre l'ignorance des migrants et celle d'une position originelle.

Cliophile : Tu as raison, mais la connaissance de son identité passée, dans les parcours de vie des exilés, des persécutés, perdant tout du jour au lendemain, ne constitue pas un socle rassurant d'attachements constitutifs vanté par les théories communautariennes[71]. L'expérience des aléas de la fortune accroit l'incertitude sur l'avenir. Si notre histoire, nos attachements définissent notre identité, les vicissitudes du passé, celles endurées par nos proches, l'éclatement des familles, donnent une expérience directe de la diversité des positions sociales dont le voile d'ignorance donne une expérience abstraite et métaphorique. Notre ignorance sur nous-mêmes n'a donc rien d'incroyable, même si elle est pour nous un facteur de tranquillité et pour les exilés une source de souffrance.

Perplexe : Tu renverses donc l'accusation d'ethnocentrisme ? Selon toi, le voile d'ignorance n'est pas le masque de l'ethnocentrisme libéral et occidental.

Cliophile : Pas nécessairement : nous pouvons être des abstractions, un idéal de sujet libéral désengagé. Mais notre opposé apparent, le moi enraciné dans une histoire, dans des attachements constitutifs, lui assurant une identité stable, est tout aussi ethnocentrique, sinon plus.

Perplexe : Nous pourrions être des citoyens de démocraties libérales ou des migrants sur les routes de l'exil ou du retour. Retour à la case départ, donc : impossible de rien savoir sur nous-mêmes.

Cliophile : Certes, mais nous avons compris quelque chose d'important : nous ne sommes pas de simples fantaisies ou illusions. Et nous délibérons pour un monde où les carrosses peuvent se transformer en citrouilles et les princes charmants en crapauds.

ÊTRE ENCORE XIEN ?

Xénotrope : Je suis d'accord. Nous en savons déjà beaucoup, ne sachant qu'une chose sur nous-mêmes, mais décisive : nous sommes résidents légitimes du territoire X, donc citoyens Xiens. C'est pourquoi nous pouvons dire « nous » et décider de notre sort.

Candide : Mais qu'est-ce qu'être Xien ? Ne faut-il pas commencer par-là ?

Perplexe : Vaste difficulté, mais avant même de s'en emparer, il faudrait être sûrs que nous sommes bien Xiens. Certes, nous l'étions au début de nos échanges, mais le sommes-nous encore ? Nous pouvons avoir perdu notre territoire et être apatrides. En exil, nous pouvons être dénaturalisés par des Xiens conditionnant la citoyenneté à la résidence.

Cliophile : Si les tous les Xiens sont sous voile d'ignorance, c'est impossible. Mais il y a d'autres manières de ne plus être Xien. Nous pourrions être Xien un jour, Zien un autre jour et changer régulièrement de citoyenneté ou de nationalité.

Perplexe : Que veux-tu dire ? Comme les insectes qui changent de couleur, de forme, voire de sexe plusieurs fois dans leur vie ?

Contraire : Et pourquoi pas être homme un jour, mouette le lendemain et poisson le surlendemain ? La montée des eaux ne sera plus un problème. Nous voilà repartis dans les contes de fées.

Cliophile : D'accord, mais encore une fois, la réalité égale ou dépasse la fiction. En parlant de changer de statut, je ne parlais pas du pays des fées, ni des insectes, mais de situations bien moins exceptionnelles que la disparition du territoire ou la dénaturalisation. Car les disparitions d'États sont communes. Les Bosniens appartenaient à la Yougoslavie hier, au Royaume des Serbes, Croates et Slovènes avant-hier, à l'empire austro-Hongrois avant avant-hier et avant encore à l'empire ottoman. Regardez le destin de certaines villes : L'viv était Lemberg et ses habitants, polonais, sont devenus allemands, puis ukrainiens, en restant sur place. En une seule génération, ils ont changé plusieurs fois de nationalité.

Perplexe : Dans ce cas, on cesserait d'être Xiens.

Cliophile : J'irai plus loin ; on a peut-être cessé d'être concitoyens : au cours des siècles, et parfois sur de brèves périodes, les Polonais ont cessé de l'être, devenant allemands, russes, soviétiques ou ukrainiens. Nous pourrions être annexés, séparés, notre État disparaissant comme l'Arménie et l'Ukraine en 1918. Il y a des cas plus radicaux de Républiques ayant duré quelques semaines, jours ou secondes.

Perplexe : Ces cas d'États ou de Républiques éphémères ne montrent-ils pas que la délibération politique sous voile d'ignorance est un luxe de pays relativement pacifiés, stables dans leurs frontières et confiants dans leur avenir ? À nouveau, n'est-ce donc pas un dispositif bien ethnocentrique et loin d'être impartial ?

Cliophile : Quel découragement ou quel mépris ! La délibération politique vaudrait seulement pour les peuples dominants et en paix dans des États nations stables ? Les autres n'auraient pas leur mot à dire. Curieuse conception, bien ethnocentrique.

Contraire : Au moins n'ont-ils pas l'illusion de décider de leur sort par ce genre de bavardages !

Cliophile : Tentons de répondre aux plus sceptiques parmi nous. Ils craignaient d'abord de n'être rien (une vapeur, une fiction). Ils craignent maintenant que nous ne soyons *plus* rien du tout. Passons donc les possibilités en revue. Il y en a trois. Ayant pour seule certitude d'être Xien au temps T, soit nous sommes encore Xiens et concitoyens, soit nous ne le sommes plus au temps T 1, et ce de gré ou de force.

Première hypothèse, une fois le voile d'ignorance levé, nous sommes toujours Xiens, concitoyens, maîtres de nos décisions. Nous prenons maintenant en compte ceux qui n'ont pas notre chance, non par générosité, mais par intérêt : ce pourrait être nous. Nous portons attention aux apatrides et aux réfugiés, comme objets pour leur accorder un statut, voire comme sujets pour les associer à notre délibération. Nous formerions alors une assemblée d'Xiens, d'apatrides et de réfugiés. Nous considérons alors notre situation comme une chance, plutôt que comme une évidence, un dû ou l'émanation d'une origine.

SÉPARATION VOLONTAIRE OU INVOLONTAIRE

Perplexe : Et si nous avons décidé de nous séparer ?

Cliophile : C'est la deuxième hypothèse : nous ne sommes plus concitoyens, mais nous sommes maîtres de notre destin, l'ayant décidé. Certains restent Xiens, tandis que d'autres sont devenus Ziens, comme les Britanniques et les Irlandais ou les membres du Commonwealth devenus indépendants. Il n'y a peut-être plus d'Xiens, si nous sommes devenus Tchèques ou Slovaques, Tiens ou Siens. Ayant décidé de l'indépendance de nouveaux pays, nous délibérons comme nouveaux citoyens, mais séparément. La légitimité d'une délibération sous voile d'ignorance n'est pas altérée, mais renforcée.

Perplexe : N'est-ce pas un simple retour à la case départ d'une délibération politique entre concitoyens, fondatrice d'un nouvel État ?

Cliophile : Ce n'est pas sûr. Discutant de la division de notre pays, nous aurons considéré nos liens réciproques et ceux à établir avec nos futurs ex-concitoyens Xiens, soit pour les couper, soit pour les préserver. Les Pays Baltes accentuent leur séparation d'avec les anciens Soviétiques et les Russes. En revanche, la création du Danemark découle d'une solidarité entre les pays scandinaves. Nous devrons considérer des liens antérieurs, dépassant nos nouveaux États, qui en ressortent moins solipsistes. Nous savons d'emblée appartenir à un espace politique, économique, culturel plus large, que nous le refusions ou le recherchions.

C'est aussi prendre conscience que notre nouveau pays n'est pas né de rien, d'un état de nature anhistorique, mais d'une histoire de reconfiguration des États qui meurent et naissent les uns à partir des autres, non comme des êtres naturels, mais comme des entités juridiques. Nous avons aussi conscience des liens entre pluralité extérieure et pluralité intérieure : lors de ces divisions, d'anciens concitoyens peuvent devenir des minorités linguistiques, culturelles ou nationales. Il peut y avoir des Tiens en Sie et des Siens en Tie. Bref, nous nous défierons du modèle de l'État-nation.

Xénotrope : C'est aussi une nouvelle extension de notre liberté. Si nous avons décidé librement de cette séparation, nous avons choisi notre nouvelle citoyenneté. La citoyenneté dans tel pays n'est plus seulement un simple fait de hasard, de la chance ou malchance d'être né ici ou là. Ce qui était circonstance de justice (des personnes réunies sur un territoire déterminé) devient objet d'une décision.

Perplexe : Et si nous sommes séparés contre notre gré ?

Cliophile : C'est la troisième hypothèse. Le voile d'ignorance levé, nous nous retrouvons séparés dans différents États, malgré nous à l'instar des Polonais, des Kurdes ou des Coréens. On peut alors revendiquer une nationalité différente de sa citoyenneté. Cette hypothèse se subdivise selon que nous avons ou non des droits de citoyens dans ces nouveaux États.

Premier cas : on cesse d'être concitoyens, mais l'on est maître de notre destin dans un autre État qui garantit les droits de ses citoyens. Lorsqu'on leur laisse le choix, certains se séparent (hypothèse précédente), d'autres non : le Québec n'a toujours pas voté pour son indépendance. Les Occitans ne sont pas devenus français par choix, mais les Occitanistes ne réclament pas leur indépendance. Les Basques et les Catalans français sont moins indépendantistes que leurs homologues espagnols qui ont souffert du franquisme. Les Kurdes pâtissent autant de la privation de leur droit d'expression, dans les pays où ils vivent, que d'une privation de pays propre.

Perplexe : Mais à quoi bon délibérer en tant qu'Xien ?

Cliophile : Parce que, conscients de cette possibilité, nous envisagerons autrement notre politique intérieure et notre politique étrangère. Nous serons plus sensibles aux apatrides, aux minorités linguistiques, culturelles ou nationales. La deuxième hypothèse avait étendu le champ de l'adhésion volontaire ; cette troisième hypothèse élargit notre attention aux inclusions non volontaires. Certains d'entre nous peuvent être Xiens par des violences, des annexions et appropriations, et non par hasard ou par choix.

Perplexe : Est-ce que cela change quelque chose pour nos anciens concitoyens ?

Cliophile : Nous envisagerons des statuts particuliers pour d'ex-concitoyens voulant rejoindre notre pays. Nous pourrions être Allemands de l'Ouest ou Coréens du Sud ayant des relations privilégiées avec les Allemands de l'Est et les Coréens du Nord. Notre politique étrangère cultivera (ou non) des liens avec ces ex-concitoyens. Nous verrons le droit international et ses instances comme un recours pour protéger les minorités Xiennes des nouveaux États. Ce n'est pas là une générosité particulière, mais un sens de notre intérêt : ce pourrait être nous-mêmes.

Perplexe : Et dans le deuxième cas, où nous sommes privés de droits dans notre nouvel État, comme les Coréens du Nord ?

VOTE AVEC SES PIEDS
ET AUTRES MODES D'EXPRESSION POLITIQUE

Cliophile : Il y a alors des modes d'expression moins classiques que le bulletin de vote ou la décision en assemblée. Les migrants votent avec leurs pieds. Voyez les délibérations familiales dans la division des tâches entre migrants. Certes, ce ne sont pas des votes démocratiques dans des assemblées publiques ou des élections, mais ces processus privés ont leur importance. Franchir des murs, traverser des barbelés, des mers ou des déserts, au risque de sa vie, n'est-ce pas une expression de volonté aussi forte et digne de considération que le vote confortable et sans danger de ceux qui ont eu la chance d'être du bon côté de la frontière ?

Nous devenons ainsi attentifs à d'anciens compatriotes moins bien lotis et à des formes d'expression par les migrations.

Perplexe : Mais ces formes-là ne sont pas prises en compte sous voile d'ignorance dans la théorie de la justice.

Cliophile : Évidemment, on n'y tient pas compte de l'étranger. C'est à nous de le faire. D'ailleurs, ces moyens d'expression sont révélateurs de la légitimité des gouvernements : bien plus d'Allemands de l'Est sont passés à l'Ouest que l'inverse. Les gardes-frontières n'ont pas à empêcher l'arrivée massive des Coréens du Sud en Corée du Nord. Plus largement, le vote avec ses pieds mesure le degré d'adhésion à des régimes et relativise le vote d'une population, sur un territoire, comme expression démocratique privilégiée. En Europe de l'Est, des records d'abstention sont atteints aux élections, tandis que la population quitte massivement ces pays. Où est l'expression légitime d'une volonté politique ? Dans le vote, l'abstention, le départ ? C'est bien le problème des pays qui se vident, faute d'adhésion.

Perplexe : Qu'en conclues-tu ?

Cliophile : Même si nous ne sommes plus Xiens ou concitoyens quand le voile d'ignorance se lèvera, nous avons intérêt à nous accorder sur les meilleurs principes de gouvernement. Car, même divisés, par choix, ou par contrainte, nous en bénéficierons à titre individuel et collectif. Les pratiques démocratiques et la concitoyenneté réussie peuvent avoir des effets bénéfiques, au-delà des frontières du moment. Le découragement n'est donc pas de mise.

Xénotrope : C'est aussi apprendre à sortir de tel ou tel État : peu d'États ont gardé des frontières stables où les concitoyens peuvent bâtir des projets de vie à long terme. Restreindre la délibération démocratique à ce seul cadre serait limitatif. Le long terme est aussi au-delà de telle société, de tel État comme forme juridique transitoire.

Perplexe : Il y a aussi une quatrième hypothèse que tu oublies : être concitoyens, sans être maîtres de notre destin. À quoi bon alors délibérer ?

Cliophile : Si nous sommes les seuls Xiens, cette hypothèse, nous l'avions vu, est impossible.

Perplexe : Mais elle le devient si nous devenons une minorité persécutée après l'annexion de notre pays. Tu n'en tiens pas compte ?

Cliophile : Si, car l'histoire nous aide à être moins ethnocentriques. Nous représentons un idéal de délibération politique pluraliste et égalitaire. On peut n'y voir que l'apanage des pays en paix, stables et maîtres de leur destin. Mais élargissons notre regard. Les républiques et les démocraties libérales ont connu des guerres, des occupations, des exodes. Il y avait aussi des décisions importantes à prendre et la vie parlementaire n'a pas toujours cessé.

Allons plus loin. Faisons place aux délibérations clandestines, aux dissidences. Elles peuvent établir des principes enviables sous voile d'ignorance[72]. Ne confondons pas la publicité empirique des débats et l'impartialité de leur contenu : dans des régimes autoritaires, le discours clandestin peut être égalitaire et impartial et le discours officiel discriminatoire.

Perplexe : Et le sexisme a longtemps été une norme publique, présentant les revendications d'égalité féministes comme scandaleuses et honteuses.

Cliophile : N'oublions pas les oppositions et résistances en exil, également sources de changements de régime et de renouveaux démocratiques.

Perplexe : Les révolutionnaires des pays communistes sont souvent passés par l'exil, mais chacun n'a fait la révolution que dans son pays d'origine. Même en exil, on ne sort pas d'un principe de nationalité. De plus, le passage par la clandestinité ne favorise pas le pluralisme des débats et a souvent conduit à des régimes autoritaires.

Cliophile : Souvent, mais pas toujours. Des résistances peuvent être clandestines et en exil, tout en restant pluralistes et républicaines. Elles construisent aussi des principes de justice appréciables dans d'autres pays[73]. Il y a des étrangers citoyens d'honneur de révolutions pour les droits de l'homme. Des républiques en danger ont eu leurs Brigades internationales. Ce sont des possibilités et des réalités. Et mon seul but ici était de montrer notre crédibilité anthropologique, sans ethnocentrisme.

Candide : Vous étiez partis d'une interrogation sur notre essence ou notre identité pour en arriver aux délibérations en exil. Quel rapport ? J'ai fini par me perdre en chemin.

Cliophile : Essayons de récapituler : Nous voulions savoir qui nous étions, dans un doute radical sur notre possibilité d'être quelque chose plutôt que rien ou presque, de simples fables ou illusions. Rassurés sur notre plausibilité empirique, nous avons cherché ce que nous étions avec certitude : nous sommes Xiens et concitoyens. Mais est-ce si sûr ? La confiance dans sa citoyenneté continue ne suppose-t-elle pas une stabilité politique, réservée à certains ? Et si nous n'étions plus ni concitoyens, ni Xiens ? Nous avons étendu notre liberté de décision (aux frontières et au statut de citoyen) et reconnu l'effet de la contrainte (être ou cesser d'être Xien malgré soi). On a alors élargi le champ et les voies de la délibération, moins ethnocentriques, dans une attention nouvelle aux apatrides, aux minorités, aux ex-concitoyens à l'étranger, aux délibérations clandestines, en exil, au vote avec ses pieds.

CHAPITRE VII

XIENS OU MONDIENS ?
DÉLIBÉRATIONS GLOBALES

Perplexe : Un doute me traverse l'esprit. Puisque nous ne savons rien de particulier sur nous-mêmes, ne pourrions-nous pas être n'importe qui sur la planète ? Que serions-nous si nous n'étions ni Xiens, ni Tiens, ni Siens, ni même États-uniens ou Européens ? Des mondiens ? Des terriens ?

Soliae : Plutôt de simples vapeurs.

Perplexe : Ou des citoyens du monde ?

Xénotrope : Être citoyens du monde, c'est supposer que l'on a tranché dans le sens d'un État mondial. Être mondiens, ce pourrait ne *pas encore* être Xiens, si les Mondiens décident d'une séparation de la planète entre États. Nous avons exploré la voie du *ne plus* être Xiens, envisageons celle du *ne pas encore*.

Candide : Comment en sommes-nous arrivés à cette idée ?

Cliophile : Être citoyen ou avoir une nationalité d'un pays donné n'est pas en soi un idéal, ni la condition d'une vie décente. On l'a vu, il vaut mieux parfois être étranger, apatride ou réfugié, dans un pays garantissant des droits civils et politiques, plutôt qu'assuré de sa nationalité, dans un pays qui les viole. La nationalité ne protège ni des discriminations, ni des persécutions, ni même des génocides.

Xénotrope : Cela vaut pour les droits dont nous bénéficions. Mais il y a aussi des décisions que nous prendrions. Qui irait sous voile d'ignorance instaurer un régime d'esclavage dont on pourrait pâtir ? Partout, on manifeste pour la liberté ou l'égalité et non pour leur contraire. D'ailleurs, dans les démocraties où les citoyens ont un réel pouvoir de décision, les grands principes sont fort proches. Les atteintes les plus graves aux personnes sont aussi condamnées par le droit international : on ne souhaite pas davantage être torturé par d'autres États.

Perplexe : Même moi, je n'en doute pas !

Xénotrope : Débarrassons-nous donc des limitations nationales. Notre délibération sera alors vraiment impartiale. Cette extension est d'ailleurs la suite logique de notre ignorance. Étant seulement des sujets rationnels, sans particularités, nous sommes bien en peine de trouver ce qui fait de nous des Xiens plutôt que des Tiens ou Siens. C'est d'ailleurs une objection au voile d'ignorance : celui-ci levé, c'est par miracle que nous nous retrouvons seulement entre Xiens. Et si on ne croit pas au miracle, nous pourrions être n'importe quel humain de la planète.

Soliae : À moins que nous présupposions un principe de délimitation, comme la nationalité.

QUI DÉLIBÈRE ? LES ÉTATS

Xénotrope : Envisageons donc les différentes possibilités d'une perspective mondiale : sous un voile d'ignorance global, qui délibère ?

Soliae : Pardon, qui délibère sur quoi ? Car nous n'allons pas convoquer les Mondiens pour délibérer sur les principes de gouvernement de l'Xie.

Xénotrope : Assurément, il s'agit de décider des règles d'un système global.

Soliae : Dans le monde réel, ce sont les États qui en décident. Le droit international instaure une égalité souveraine entre eux : en tant que personnes juridiques, ils sont les sujets primaires du droit international. De même que les individus s'associent au niveau national, les États, analogues à des individus, peuvent s'associer au niveau international. Cette assemblée internationale a l'avantage d'une certaine stabilité et d'une quasi-universalité. La forme étatique s'est imposée partout ; la terre est divisée en États et presque tous les États ont leur place dans l'Organisation des Nations unies, en tant que membres, non-membres ou observateurs.

Ce système international fondé sur la délibération des États est le fondement du droit international que vous invoquez souvent pour ses mérites : c'est lui qui assure la reconnaissance des États, le commerce international, le droit international humanitaire, le droit des réfugiés, le droit des apatrides.

Xénotrope : Ce système a ses mérites, mais il repose sur une (fausse) analogie entre États et personnes morales. Car ces États peuvent être fondés sur des conquêtes brutales, des génocides ou déportations d'habitants antérieurs. Les relations internationales et le partage de la terre entre les États peuvent avaliser ces violences. Cette égalité souveraine ne distingue pas non plus les sociétés justes des plus terribles dictatures qui martyrisent leur population. Dans ce système d'accord des États, les droits des individus peuvent être massivement violés par leur propre gouvernement.

Soliae : L'analogue des personnes morales serait des sociétés avec des institutions justes, non des États souverains. Restreignons la délibération aux seules Républiques ou démocraties respectueuses des droits de leurs citoyens. Les citoyens y décident de leurs lois et représentants, lesquels décident ensuite des règles internationales.

Xénotrope : Tous les États ne sont pas des Républiques. Ce serait donc un internationalisme principalement européen, américain et océanien négligeant des pans entiers de l'Afrique et de l'Asie.

De surcroît, cet internationalisme étatique est timide et non contraignant pour lutter contre le réchauffement climatique ; il est muet sur notre sort si nous perdions notre territoire, faute de statut pour les individus ou États « réfugiés » climatiques.

DÉLIBÉRATIONS DES NATIONS ?

Soliae : Une autre possibilité est de mettre sous voile d'ignorance, non pas des États, comme à l'ONU, ou seulement des Républiques, comme dans l'Union européenne, mais des nations, des peuples ou des « gens », selon une terminologie désuète. Lorsque la société juste de la théorie de la justice entre dans une telle délibération internationale, ce sont des représentants des « gens » qui délibèrent pour élaborer le droit des gens ou le droit des peuples[74]. On comprend ainsi que, sous voile d'ignorance national, le groupe était délimité par un principe national sous-jacent.

Xénotrope : Cette solution semble difficile à défendre : on sait ce qu'est un État. On peut les compter. L'ONU actualise régulièrement la liste de ses membres. Mais qu'est-ce qu'une nation[75] ? Soit elle est l'équivalent d'un État, soit elle en diffère. Envisageons ces deux possibilités. Si les nations sont des États, au sens où l'on parle des Nations unies, on peut les identifier et les compter, mais on est revenu à l'hypothèse d'une délibération des États. C'est d'ailleurs l'option de la théorie de la justice, devenue droit des peuples : le voile d'ignorance recouvre des nations territorialisées, équivalentes à des États, mais non des peuples sans État, ni territoire.

Cliophile : Il y a toutefois une différence avec les États, car le vocabulaire de la nation est celui de l'unité ou de l'homogénéité. Il se révèle plus restrictif encore que celui des Républiques. Il sélectionne les États qui ont achevé un processus d'unification linguistique, culturel, historique, axiologique, juridique[76]. Mais bien peu d'États réussissent ce test. À quoi bon recourir au voile d'ignorance ? Si l'on est une nation selon ces critères, on peut être islandais, norvégien, ou japonais, mais ni belge, ni soviétique, ni suisse, ni indonésien !

Ces nations unifiées sont d'ailleurs le produit de violences contre les minorités. Parler de nation, plutôt que d'État, n'est pas un gain de moralité.

Soliae : Oui, mais la théorie de la justice devenue droit des peuples définit la nation ou le peuple autrement, comme des sympathies communes, notamment fondées sur une histoire partagée[77]. La solidarité compte bien plus que l'identité.

Cliophile : Cette histoire partagée est largement un mythe et une telle définition bien naïve.

Elle a aussi un défaut par rapport à notre hypothèse : elle ne correspond pas à des États. Il y a des États sans guère de sympathie commune lorsque leur histoire regorge de massacres ou de répressions. L'amitié des Tchétchènes ou des Ukrainiens pour les Russes en URSS reste à prouver. Va-t-on les refuser dans la délibération ? Qui jugera qu'ils ne sont pas assez solidaires ?

Inversement, il y a des liens de solidarité qui dépassent les frontières, comme ceux des diasporas nationales, sans citoyenneté commune. L'aide privée qu'elles apportent aux pays d'origine dépasse parfois l'aide internationale entre États. Cette solidarité peut correspondre au tracé d'anciens pays, comme le Kurdistan, mais elle peut être plus globale, comme celle des Juifs envers Israël ou des Arméniens envers l'Arménie.

Soliae : Venons-en donc à la deuxième hypothèse. Mettre sous voile d'ignorance des nations (différentes des États) aurait des avantages : donner une représentation aux peuples sans État, voire sans territoire.

Cliophile : Ce serait moins restrictif, mais le problème initial ressurgit : se mettre d'accord sur une définition de la nation, variable selon les pays. En France, la nation désigne l'ensemble des citoyens et repose sur une adhésion volontaire. Privilégier cette définition, c'est privilégier l'État-nation, centralisé et unifié, au détriment des États multinationaux. Définit-on la nation par la langue ? Mais la francophonie n'est pas une nation. Et il y a des centaines de langues en Indonésie. Est-ce par le sang, comme en Allemagne ? Mais c'est limiter le droit du sol : selon ce critère, bien des Américains ou Français cesseraient d'être tels. Est-ce les liens historiques de sympathie, d'amitié et de solidarité ? Mais les solidarités dépassent la nationalité et on n'a pas autant de nationalités que d'amitiés ou de solidarités.

Xénotrope : Comment d'ailleurs compter les nations et les peuples ? Faut-il compter les Achuars et les Chuars comme un peuple ou deux ? Comme brésiliens ou péruviens ? Combien de nations en Indonésie ? Autant que de langues ? Et sans critère d'identité, pas d'entité.

Cliophile : Et comment les délimiter ? Comment assigner tel individu à telle nation ? Par son choix personnel, par le sang, par la langue, par l'histoire, par la religion ? Que faire des enfants de mariages mixtes ? Comment trancher dans les conflits de critères ?

Xénotrope : Les difficultés sont inextricables et le bénéfice par rapport à une délibération des États bien mince. On voulait éviter l'arbitraire des frontières étatiques, mais la délimitation des nations l'est plus encore. On voulait éviter des sujets étatiques immoraux, les nations sont-elles plus morales ? Leur constitution et leur solidarité peuvent aussi découler de la violence.

Cliophile : De surcroît, la théorie de la justice devenue droit des peuples n'envisage ni le réchauffement climatique, ni le sort individuel ou collectif de ses victimes. Au mieux, les États menacés seraient considérés comme des *burdened societies*, des sociétés accablées, requérant une assistance temporaire pour leur faiblesse organisationnelle ou économique[78]. Cette assistance peut être cruciale, mais ignore la dimension politique d'une possible perte de territoire et de citoyenneté.

Une délibération des individus ?

Xénotrope : Pour éviter le fait accompli de la violence étatique, l'ethnocentrisme républicain ou le flou des nations, il faut nous tourner vers les théories cosmo-politiques qui placent les individus de la planète sous un voile d'ignorance global[79]. D'ailleurs, on peut compter les individus et les délimiter sans difficulté. Ces individus seraient affectés du même type d'ignorance que dans une délibération nationale ; de surcroît, ils ne sauraient ni où ils sont, ni rien de leur pays.

Cliophile : Comme nous donc ?

Xénotrope : Non pas exactement : nous ne savons rien sur notre pays, ni où nous sommes, mais nous savons que nous sommes Xiens. En revanche, les individus globaux ne peuvent pas savoir s'ils sont Xiens, Yiens ou Ziens. Car c'est à eux qu'il revient de choisir entre un État mondial et une pluralité d'États. Ils devront s'accorder sur des règles régissant la coopération sociale mondiale. C'est un cosmopolitisme universaliste et individualiste, fondé et centré sur l'être humain, plutôt que sur le groupe culturel, religieux ou politique.

Cliophile : Quels sont leurs arguments ?

Xénotrope : Leur point de départ est une critique de la théorie de la justice, trop autocentrée, supposant des sociétés fermées, autosuffisantes, dont les membres sont voués à n'échanger qu'entre eux. On n'y tient compte ni des migrations, ni des échanges internationaux dans une économie mondialisée.

De surcroît, cette théorie ignore notre rôle, individuel ou institutionnel, dans la vie des étrangers et des autres pays. Elle est aveugle à la responsabilité des pays riches dans la situation des plus pauvres des pays pauvres. Dans un cadre global, les échanges produisent des inégalités sociales et économiques au détriment des individus les plus défavorisés. Nous avons une responsabilité pour les violations des droits de l'homme à l'étranger résultant des institutions auxquelles nous participons.

Cliophile : Ces arguments rejoignent notre critique du solipsisme. Puisque nous pouvons pâtir de nos propres politiques à l'étranger, nous sommes conscients des effets de nos politiques étrangères et intérieures sur les étrangers.

Xénotrope : Un deuxième argument vise l'arbitraire des frontières dans la théorie de la justice.

La théorie de la justice n'accorde aucune valeur morale aux facteurs contingents. Or c'est un hasard d'être né d'un côté ou de l'autre de la frontière, aussi arbitraire d'un point de vue moral que la couleur de la peau et des yeux. La délibération nationale, sur un territoire délimité, reproduit une division de l'humanité fondée sur ces considérations contingentes et sans valeur morale[80]. Car ces frontières, contingentes historiquement, restent la condition de la possession et du contrôle de tous les bénéfices de la terre, des ressources naturelles et du capital. Vérité en deçà des Pyrénées, erreur au-delà ; abondance en deçà du Rio Grande, pauvreté au-delà : le système international ne donne pas aux personnes également douées et motivées des chances à peu près égales d'obtenir une bonne éducation et une position professionnelle acceptable, quelle que soit la société dans laquelle elles sont nées.

Cliophile : Le second argument est donc l'arbitraire des frontières ?

Xénotrope : Oui, lorsque cet arbitraire devient une norme déterminant l'accès aux biens, même naturels, aux droits politiques et sociaux ou à leur distribution.

Cliophile : Nous avons aussi envisagé un arbitraire des frontières, qui peut nous séparer ou nous faire disparaître en tant qu'Xiens. Mais quelle conclusion en tirer ? Qu'il faut les abolir ?

Xénotrope : Ces théories ne proposent pourtant pas un État mondial.

Cliophile : Avant d'envisager leurs conclusions, arrêtons-nous sur leur principe. Ces théories semblent très proches de notre situation et de notre approche, et je comprends qu'elles te séduisent. Mais une différence importante les sépare du voile d'ignorance qui nous recouvre. Mettre des individus sous voile d'ignorance global relève de l'ethnocentrisme.

N'a-t-on pas perdu en universalité ou au moins en extension planétaire ? Il y a des États sur l'ensemble de la planète. Les peuples sans État réclament le droit d'en avoir un et non d'être apatrides. Partout les hommes, même les plus éloignés de la modernité, s'organisent en groupes différenciés, quels que soient les noms qu'ils se donnent.

Mais ont-ils conscience d'être des individus autonomes ? Cette notion n'a pas l'universalité requise pour fonder une théorie de la justice globale. L'individu libéral, autonome, source valide de revendications, reste tributaire d'une histoire et d'institutions qu'il serait hasardeux d'étendre à toutes les sociétés. Il peut résulter des pratiques religieuses du retrait en soi-même, d'appel à la conscience individuelle, d'un souci de soi, d'une culture politique démocratique ou d'un individualisme qui se sont généralisées au cours du XXᵉ et XXIᵉ siècle. Mais il y a aussi des cultures où seuls les chefs de clan, de tribu, de famille, peuvent prendre des décisions.

Perplexe : De surcroît, ceux qui se considèrent comme autonomes sont-ils prêts à reconnaître l'égalité et l'autonomie des autres ? Car il y a aussi des cultures où les chefs de famille, de clan, de tribu, considèrent qu'eux seuls peuvent prendre des décisions politiques. Et s'il y a bien une universalité, c'est l'exclusion des femmes des décisions politiques à un moment ou un autre de l'histoire. Mettre sous voile d'ignorance global les hommes qui refusent, individuellement et collectivement, l'égalité des femmes est une pétition de principe. Autant affirmer d'emblée l'égalité planétaire des hommes et des femmes, sans passer par cet artifice.

Candide : Si la délibération des États, celle des nations, celle des individus conduisent à des impasses, où cela nous conduit-il ? À refuser toute délibération internationale ou globale ? Que serait une délibération internationale pour nous ?

Cliophile : Notre situation est très différente, car il n'y a pas de différence entre délibération nationale et internationale. C'est ce qui nous permet d'éviter les travers de cette délibération individuelle globale et de ces théories cosmopolitiques individualistes.

Une ou deux délibérations

Soliae : Voilà qui est obscur.

Cliophile : Pour être plus clair, envisageons les différentes possibilités. Première possibilité : il y a seulement des délibérations nationales. Il y en aurait autant que de pays, séparés dans des bulles solipsistes. Deuxième possibilité, il y a seulement une délibération globale. Elle impliquerait une seule organisation politique mondiale. Car il serait curieux qu'une délibération mondiale décide des principes de gouvernement de différents États. Ce ne serait qu'un pluralisme de façade.

S'il y a plusieurs pays, il faut supposer deux délibérations. Les théories du contrat social peuvent commencer par une délibération nationale pour ne rencontrer qu'ultérieurement l'international. C'est cette priorité logique et chronologique qui ouvre la possibilité du solipsisme politique, qui peut être de méthode.

Dans les théories cosmopolitiques envisagées, à l'inverse, les individus de la planète décident d'abord des règles d'une société globale et ultérieurement se divisent en citoyens de divers pays pour décider des règles de chaque société. La délibération globale précède et détermine la délibération nationale. L'homme est d'abord un animal cosmopolitique avant d'être un animal politique[81].

Soliae : Et où nous situons-nous dans ce tableau ?

Cliophile : Nous sommes des animaux indissociablement politiques et cosmopolitiques. Il y a une seule délibération continue, tantôt plutôt internationale, tantôt plutôt étatique.

Soliae : C'est toujours obscur.

Cliophile : Sans attendre une délibération internationale, nous sommes d'emblée confrontés à l'étranger et aux étrangers, en dialogue avec eux. Les citoyens des autres pays sont probablement dans la même situation que nous, ne sachant pas s'ils sont dans leur pays ou à l'étranger. N'entendez-vous pas autour de nous des « – Where are you ? – I do not know ? », « – Gdje vi ste ? – Ne znam ». Nous devrions délibérer avec eux sur les règles de la société internationale.

Soliae : Pourtant, pour l'instant, on parle seulement entre nous, pas avec des étrangers.

Cliophile : Rappelle-toi que nous sommes peut-être déjà apatrides ou étrangers les uns aux autres. Nous pouvons aussi accorder le droit de vote aux étrangers résidant en Xie, au moins pour certaines élections.

Soliae : Oui, mais seulement sur notre territoire.

Cliophile : Mais tous les pays ont des citoyens à l'étranger. Il est préférable de bénéficier d'un statut officiel de Xien à l'étranger. Il faut pour cela dialoguer avec les pays étrangers pour y avoir des ambassades ou y voter. Des ententes ponctuelles, des accords bilatéraux, voire internationaux, sont nécessaires à nos discussions mêmes.

Xénotrope : Mais cela ne nous dispense pas d'une autre délibération avec l'ensemble des pays de la planète sur des règles d'une société internationale. Nos discussions actuelles ne prétendent quand même pas statuer pour l'humanité ou pour une société des Nations.

Cliophile : Bien sûr. Il faudrait être solipsiste pour le prétendre. Toutefois, ce ne sera pas une seconde délibération antérieure ou postérieure, mais un va-et-vient continue de concertations portant largement sur les mêmes sujets.

Soliae : Que veux-tu dire ?

Cliophile : Suppose que nous nous séparions pour créer de nouveaux États. Dans cette phase, ce sera un ballet d'ambassadeurs et de tractations pour les faire reconnaître. Nous parlerons tantôt entre nous, tantôt avec des représentants internationaux ou d'États étrangers.

Soliae : Mais en quoi cela affecte-t-il notre délibération ?

Cliophile : On ne naît pas *ex nihilo*, dans un monde vierge ou un état de nature. On l'a vu. On ne décide pas dans une bulle, mais avec un droit international qui nous précède et détermine certains engagements. Et les nouveaux États héritent des obligations internationales des précédents. Il existe aussi des obligations spécifiques : pour être reconnu, un nouvel État côtier doit honorer les engagements du droit maritime. Il faut parfois amender sa constitution, y intégrer des droits des minorités, un droit au retour des réfugiés, abandonner certaines prétentions territoriales. Nous ne sommes pas libres de nous approprier ce territoire seuls, ni d'en faire n'importe quoi[82].

Soliae : Mais ce n'est qu'une considération factuelle et non normative.

Cliophile : C'est aussi une norme appréciable : faut-il refuser le retour des réfugiés, détourner les fleuves transfrontaliers à notre seul profit ? La perspective d'être un exilé, chassé sans retour ou asséché et assoiffé, montre vite la justesse de ces obligations internationales.

Soliae : Les normes internationales s'imposent donc à nous.

Cliophile : Mais non, c'est une fausse image. Le droit international n'est pas supra national. C'est nous qui en décidons. Ce sont des principes que nous avons nous-mêmes ratifiés.

C'est le travers des conceptions cosmopolitiques qui placent une délibération globale avant celles par pays. Cette priorité accrédite une supériorité de la justice globale, limitant l'autonomie des pays, au lieu d'y voir une construction commune.

Il est d'ailleurs significatif que les critiques souverainistes des normes internationales et leurs défenses cosmopolitiques se rejoignent dans cette vision d'un domaine supranational surplombant les États plutôt que de les constituer et réformer. Ils restent tributaires d'une division entre délibérations nationale et internationale.

Notre situation manifeste leur intrication. C'est dans un même processus que nous discutons tantôt entre nous, tantôt avec les citoyens des autres pays. Nous devons choisir à la fois nos principes de gouvernement et ceux d'une société internationale, dans un ajustement progressif. C'est manifeste dans l'hypothèse du pays vide.

Soliae : Mais quelle est alors la différence entre ces aspects d'une même délibération ? Les décisions seront les mêmes. On n'échappera pas à l'uniformité.

Cliophile : Nous pouvons nous accorder internationalement sur les fins et diverger dans les moyens. De surcroît, si le principe et les objets de la délibération sont les mêmes, leur extension change. L'ensemble des humains sauraient qu'ils délibèrent indirectement sur les règles de chaque pays, conscients des effets des décisions internationales en leur sein. Ainsi, nous ne délibérons pas sur la politique pénale ou le système de santé du pays Y, mais nous savons que les décisions Xiennes et les décisions internationales les affecteront.

Ce qui diffère aussi c'est le mode linguistique, indicatif ou impératif dans un premier cas, optatif ou conditionnel dans le second : nous pouvons acter entre nous certaines décisions ; toutefois, en matière internationale, nous pouvons souhaiter et proposer, mais non décider seuls.

Différence entre les deux approches : pluralisme politique et culturel

Xénotrope : S'il n'y a pas de délibération spécifiquement internationale, c'est nous, individus, qui délibérons. Si tous les humains sont dans notre situation, nous rejoignons donc un voile d'ignorance global et cosmopolitique. Ce qui me semble souhaitable.

Soliae : Oui, c'est parfait pour tomber dans des contradictions quand on a contesté son ethnocentrisme.

Cliophile : La différence est pourtant importante : sous voile d'ignorance global, les individus sont dans une situation d'égalité pré-politique et d'indifférenciation, en deçà de la séparation entre pays et de la différence entre (con)citoyens et étrangers. Le statut d'étranger et la relation à l'étranger en tant que tels sont gommés au profit d'une considération universelle de l'individu. La pluralité des sociétés politiques y est vue, au mieux, de manière abstraite.

En revanche, notre situation n'est pas pré-politique ou pré-étatique. Elle ne suppose aucune forme d'état de nature ou d'indétermination en deçà ou au-delà des organisations sociales ou politiques. Nous sommes d'emblée dans un monde divisé en une pluralité d'États. Nous (planétaires) délibérons aussi en tant que membres de pays, et non en tant que simples individus. La différence entre (con)citoyen et étranger est pour nous fondatrice : c'est d'ailleurs la possibilité de se retrouver à l'étranger qui transforme notre manière de voir. Nous savons aussi qu'à l'étranger, nous serions étrangers et non chez nous.

Xénotrope : Cela nous prémunirait donc contre toute tentation impérialiste.

Cliophile : On peut en dire autant de l'altérité et du pluralisme culturels, et pas seulement du pluralisme politique. Un voile d'ignorance global suppose une transparence et une communicabilité immédiate de tous les individus de la planète. La pluralité des langues, des normes de justice ou des conceptions de l'individualité n'y est pas un problème à surmonter avant même de dialoguer. Notre situation ne présuppose pas une telle transparence. Nous avons la chance de parler la même langue. Mais écoutez : nous ne comprenons pas toutes les conversations alentour. Nous sommes d'emblée confrontés à d'autres langues, aux difficultés de traduction, aux décalages culturels.

Soliae : Toujours ta prétention à échapper à l'ethnocentrisme.

Cliophile : Tout à fait. Nous ne supposons pas non plus une conception universelle et individualiste de l'individu. Notre situation ne suppose pas un individu sans attaches, pré ou supra social ou post-culturel. On l'a vu à propos de l'expérience des migrations.

De ce fait, nous n'exigeons pas une délibération publique. Tout le monde peut accéder à l'expérience des possibles allers et retours, par des voies différentes.

Certains le font démocratiquement, d'autres par des oppositions clandestines ou en exil, voire en votant avec leurs pieds. Le parcours des migrants trace ainsi une carte des choix des sans voix. Il faut entendre les délibérations familiales pour partir ou rester, souvent seules arènes d'expression, pour ceux qui se conçoivent comme membres d'une famille ou d'un groupe.

C'est aussi notre crédibilité anthropologique : certains craignaient que nous ne soyons que des vapeurs. C'est plutôt ce voile d'ignorance global qui relève de l'illusion. Il n'a pas de traduction empirique.

Xénotrope : Mais ce voile d'ignorance cosmopolitique assure l'égalité de tous les individus.

Cliophile : Mais c'est une égalité fictive[83] ? Une fois le voile d'ignorance levé, les individus peuvent se trouver dans des démocraties ou des dictatures. En revanche, notre situation prend en compte l'inégalité de conditions et de droits entre les pays.

L'expérience des possibles exils et retours échappe donc à trois objections contre un voile d'ignorance global : supposer une universalité des conceptions de l'individu et une égalité fictive entre eux, ainsi qu'un pluralisme politique et culturel de façade.

Xénotrope : Mais ces théories cosmopolitiques prennent en compte le sort des plus défavorisés des pays les plus défavorisés en leur appliquant un principe de différence international. Cette justice distributive globale, financée par une taxe globale sur les ressources, est un progrès par rapport à la théorie de la justice.

Cliophile : Progrès très relatif qui suppose que des transferts financiers suffisent à éradiquer la grande pauvreté.

Au mieux, il s'agit d'une approche morale des pauvres individuels, fondée sur une croyance en la toute-puissance des ONG. Au pire, s'il s'agit d'une approche politique, on aurait affaire à un gouvernement humanitaire, par des organisations transnationales, qui n'ont donné la preuve ni de leur efficacité, ni de leur caractère démocratique, qui miment ou suppléent les institutions des États défavorisés, quitte à les évincer.

Soliae : Un paternalisme ou un doux colonialisme.

Xénotrope : Mais au moins ce cosmopolitisme affronte le réchauffement climatique comme menace pour les droits de l'homme. Et les apatrides climatiques ne seront-ils pas les prochains plus défavorisés ?

Cliophile : Droits de l'homme individuels, mais non collectifs. Selon ce cosmopolitisme individualiste, les droits de l'homme menacés par le réchauffement climatique sont naturels ou sociaux (vie, santé, éducation)[84]. On oublie encore les droits politiques. D'ailleurs, le statut de plus défavorisé est limité aux biens sociaux et économiques et non aux droits politiques.

Soliae : Rien d'étonnant qu'on n'y soit pas plus Xien au début qu'à la fin !

NOUS SAVONS CE QUE NOUS SOMMES

Cliophile : Ce détour nous a au moins permis d'y voir plus clair sur nous-mêmes. Je comprends mieux ce que veut dire être Xien, ou plutôt ce que cela ne veut pas dire.

Si certains parmi nous appartiennent à un peuple sans État, si nous sommes citoyens d'un État multinational, nationalité et citoyenneté ne correspondent pas. La première ne justifie pas la seconde. Si elles correspondent, à quoi bon dire que nous sommes Xiens parce que nous appartenons à la nation Xienne ? Cela n'apporte que l'illusion d'une justification à un découpage de l'humanité en États, à notre citoyenneté.

Candide : Mais c'est quoi alors être Xien ?

Cliophile : Ce n'est rien de plus que de l'avoir été au moment où nous sommes passés sous voile d'ignorance. Ce n'est pas sortir d'un état de nature ou d'une situation originelle sans normes, ni passé. C'est hériter d'une situation historique et juridique de division de la terre en entités politiques, où notre État est né d'autres États, de reconnaissance internationale, de conventions. Ce n'est pas nous qui avons enclos ce territoire et dit « ceci est à nous ».

Chapitre VIII

POINT DE DÉPART ET CIRCONSTANCES
DE LA JUSTICE
FONDER LA JUSTICE SUR L'INJUSTICE ?

Xénotrope : Nous avons compris la signification de notre position, sa visée, sa temporalité. Nous nous repérons mieux dans l'histoire et la géographie. Nous comprenons mieux ce que nous sommes. Trêve d'analyse de notre situation, et de prolégomènes aux préliminaires.

Que décidons nous maintenant ? Il est temps de se lancer.

Perplexe : Attendez. Comprenons-nous dans quel cadre nous opérons ? Est-il donné une fois pour toutes ? Pouvons-nous au contraire le réformer ou le rejeter ?

Xénotrope : Que veux-tu dire ?

Perplexe : Nous partons d'un monde divisé en États, historiquement et juridiquement. Dans le doux confort du solipsisme, même méthodologique, on avait la tranquille certitude d'être sur son territoire et dans son État. La critique du solipsisme a bousculé nos certitudes. Nous avons pour l'instant envisagé d'être à l'intérieur et à l'extérieur des frontières, voire de ne plus être Xien. Mais nous n'avons pas remis en question le cadre même séparant l'intérieur et l'extérieur. Le pouvons-nous ? Le devons-nous ?

Cliophile : Nous l'avons envisagé avec l'idée d'un voile d'ignorance global, mais nous avons contesté comme illusoire cette apesanteur pré-politique qui nous placerait en amont des États.

Xénotrope : En revanche, il est possible de remettre ce cadre étatique en question dans nos décisions futures.

Un cadre de discussion contestable

Perplexe : Assurément, mais il y a des questions liminaires dont je ne sais si elles relèvent du point de départ ou du processus de décision. Dire « prêt, feu, partez, », n'est-ce pas entériner ce point de départ ? Supposez qu'il manque des coureurs (des Xiens) sur la ligne de départ : ils ne seront ni vainqueurs, ni vaincus, ni participants. Bien sûr, nous ne sommes pas dans une course, peut-être plutôt dans un chœur, une entreprise ou un club de lutte. Mais les manquants n'auront contribué à aucune partition, aucun projet, aucune joute : ils n'ont pu faire entendre leur voix.

Xénotrope : De quels manquants parles-tu ? Des morts ?

Perplexe : Pas de « nos » morts en tout cas. Nous pouvons être Xiens par différentes voies, par contrainte, par annexion, par choix, par hasard. Mais quid de résidents antérieurs, qui ont été chassés et ne sont pas Xiens ?

Xénotrope : Appelons-les les Xiens manquants. Continue.

Perplexe : Il y a le cas d'anciens Xiens expulsés ou dénaturalisés comme les Juifs chassés d'Angleterre, d'Espagne, du Portugal au fil des siècles, d'Allemagne et de presque tous les pays européens durant la Seconde

Guerre mondiale, de Pologne même après-guerre. Il y a ceux qui n'ont pas même pu devenir Xiens : notre pays était peut-être la Zie dont nos ancêtres ont fait l'Xie. Les Ziens seraient Xiens s'ils n'avaient pas été expulsés. Ceux-là ne peuvent participer à nos décisions. Délibérer entre nous, comme si nous étions les seuls résidents légitimes du territoire, avalise ces violences de masse.

Cliophile : C'est une objection importante qui en appelle une autre : nous héritons aussi de frontières, le plus souvent façonnées par des violences extrêmes. Délibérer dans ces frontières, n'est-ce pas aussi reconnaître que le crime paye ?

Xénotrope : Cela repose aussi la question de l'État. S'il faut remettre en question un cadre avalisant les pires atrocités, le cadre étatique est aussi visé, comme le soulignent bien les théories de la justice cosmopolitiques.

Candide : Si je vous ai bien compris, commencer à délibérer ce serait avoir déjà acquiescé à cet héritage avant toute décision de notre part.

Perplexe : Oui c'est cela. On peut le faire et décider que tant pis pour les crimes du passé. On peut aussi contester les termes de notre délibération.

Xénotrope : Tu poses donc la question de l'amont de notre position et du rapport entre l'amont et l'aval, entre point de départ et point d'arrivée. L'immoralité du point de départ pourrait-elle entacher le point d'arrivée et notre construction politique ?

Perplexe : Ne peut-on supprimer ces circonstances de départ ? Refuser cet héritage ?

Cliophile : Même si l'on disparaissait en tant qu'Xiens (par un suicide collectif, ou en devenant apatrides), si l'on supprimait nos frontières et renonçait à notre État, rien ne garantit que ce serait au bénéfice des Xiens manquants. Notre territoire pourrait être annexé par pire que nous. Notre disparition n'est pas une solution à elle seule. Il peut d'ailleurs y avoir des victimes de ces atrocités parmi nous qui pâtiraient d'une telle autodestruction, engendrant plus de malheurs et d'injustices qu'elle n'en réparerait.

Xénotrope : Mais qu'en est-il d'une disparition involontaire de ce point de départ et de cet héritage ? Si le territoire est inhabitable, il faudra le quitter. De petits États insulaires, pacifiques et peu pollueurs, disparaîtraient, sans crime de leur part. Qu'entrainerait la disparition du territoire ? Celle de l'ensemble de l'édifice ? Du gouvernement, des principes de justice, de la culture politique ?

Candide : Une maison s'effondre, privée de fondations.

Soliae : Absolument. Avec cet amont et ce point de départ, vous renvoyez aux circonstances sans lesquelles il n'y a pas de justice. L'idée de justice n'est pas un absolu : au jardin d'Éden où l'on serait parfaitement altruiste et où les biens seraient en surabondance, nul besoin de justice. Cette dernière requiert des circonstances objectives, comme la rareté relative des biens : trop rares, ces biens ne peuvent être partagés ; en abondance illimitée, comme l'air, leur partage est vain ou impossible. Il y a aussi des conditions subjectives : l'égoïsme des hommes tempéré par l'altruisme. Parfaitement altruiste, on refuserait de prendre sa part, parfaitement égoïste, on refuserait de laisser des parts. La théorie de la justice rajoute la présence de nombreux individus sur un territoire délimité. Sans ces circonstances, la société juste n'existe plus[85].

Xénotrope : Il reste à qualifier ces circonstances : sont-elles un simple point de départ ? Une condition nécessaire ? Un fondement ? Sont-elles contingentes et purement factuelles ? Sont-elles sans signification morale ou au contraire immorales et fondées sur des crimes ? Et dans ce cas peut-on construire une société juste sur des circonstances injustes, que nous réprouvons au présent (pour nous-mêmes) mais *de facto* avalisons pour le passé (pour d'autres).

Perplexe : Mais dans ce cas, ne faut-il pas remettre en question cette idée de circonstances de la justice ?

Candide : Résumons, je m'y perds. Vos doutes portent sur le flou de la distinction entre le cadre de nos décisions et nos décisions elles-mêmes. Ils concernent la contingence, la neutralité ou l'immoralité de notre point de départ ou des circonstances de la justice : la délimitation des Xiens et l'existence du territoire.

LES XIENS MANQUANTS

Xénotrope : C'est primordial pour que l'existence même de notre pays ne soit pas fondée sur des crimes. Commençons par la question des Xiens manquants. Si l'on se concentre sur l'existence de notre pays, il faut effectivement se centrer sur les absents ou disparus. Nous héritons d'un passé de probables atrocités. Comment l'affronter ? Peut-être choisirons-nous une politique de réparation ou de compensation.

Contraire : Parce que tu crois à la possibilité de réparer ? C'est un mirage, une plaisanterie. « Tout sera oublié et rien ne sera réparé »[86].

Xénotrope : Certes, des réparations seront peut-être impossibles ou contreproductives par l'ampleur des crimes, la difficulté à déterminer les victimes, à réparer l'irréparable. Comment arbitrer aussi entre des revendications contraires : si des esclaves importés ont travaillé des terres prises aux autochtones, à qui reviennent légitimement la terre et ses fruits ?

Soliae : On préférera éviter une concurrence des victimes ou l'ouverture d'un champ de réparation ruineux, infini et jamais équitable. On préférera oublier, se concentrer sur l'avenir, œuvrer à une société juste et prospère, fondée sur l'égalité et la tolérance, niant de tels crimes par ses principes mêmes, une société que les victimes ou leurs descendants apprécieraient en elle-même et relativement à d'autres.

Xénotrope : Mais c'est un choix parmi d'autres et les réparations peuvent s'avérer une bonne solution. L'important est que ces choix, même celui d'oublier, soient les leurs et que leurs voix puissent être entendues et représentées. Nous pouvons être États-uniens et descendants d'esclaves ou Amérindiens, être Australiens et Aborigènes, Français et Kanaks. Les victimes ou descendants de victimes sont parmi nous et doivent pouvoir défendre leurs intérêts.

Mais les absents et leurs descendants ne le peuvent pas. Ils ne participent ni à nos décisions, ni à notre coopération sociale. Cela entache l'Xie du sceau du crime de masse et de la violence.

Cliophile : C'est juste. Que proposes-tu ?

Xénotrope : Le préalable de toute discussion serait de leur proposer la citoyenneté pour qu'ils puissent participer à nos décisions.

Cliophile : Mais si le génocide est parfaitement réussi et qu'il ne reste personne, comme pour les Amérindiens d'Haïti.

Xénotrope : Si vraiment il ne reste personne, cela pose d'autres questions, mémorielles. Ma proposition concerne les rescapés ou leurs descendants.

Soliae : C'est noble et généreux, mais quel est notre intérêt de faire cela ?

Xénotrope : Pour éviter que le crime paye : nous pourrions être les prochaines victimes.

Soliae : Puisque nous sommes Xiens, nous sommes plus probablement bourreaux que victimes. Ou bien nos parents l'étaient. Nous ne pâtissons pas de cette exclusion. Peut-être en bénéficions-nous.

Xénotrope : Mais nous pourrions en pâtir dans le futur.

Soliae : Oui, mais nous pouvons interdire les dénaturalisations violentes pour nous-mêmes et pour le futur. Comment justifier de redonner leur citoyenneté aux Xiens manquants ?

Xénotrope : Ne pas le faire serait nous comporter comme des fils de brigands qui interdisent l'assassinat et le vol après avoir hérité des forfaits de leurs parents.

Soliae : Tu manques d'imagination. Tu répliques le droit international qui interdit déjà la conquête et l'agression.

Xénotrope : Ces sages dispositions (hélas pas assez respectées) ne concernent pas le passé et ne valent que pour les pays étrangers. Ma proposition va plus loin. Notre pays peut contenir des régions ou des populations fortement différenciées par leur langue, leurs habitudes de vie, préexistants parfois à l'État lui-même. Des persécutions peuvent homogénéiser le pays en imposant une seule langue, une seule religion, une seule culture, une seule couleur de peau.

Soliae : Mais instaurer des tribunaux pénaux jugeant les crimes les plus graves suffit.

Xénotrope : On ne juge pas les morts : si nos ascendants ont commis ces crimes, des tribunaux pénaux sont inopérants. La situation n'est pas très différente si les assassins sont parmi nous. Ces tribunaux ne jugent que des individus et des responsabilités individuelles : les criminels sont condamnés, mais les bénéfices de leurs crimes demeurent. Le territoire est un legs durable pour les générations futures. De tels tribunaux ne sont donc pas dissuasifs pour des nationalistes convaincus : si l'on est prêt à mourir pour la patrie, qu'est-ce que quelques années de prison pour léguer un territoire pur à ses descendants ? Ces tribunaux ne seraient dissuasifs que si les condamnations individuelles étaient accompagnées de sanctions collectives ou de signaux clairs que le crime ne paie pas. Redonner la citoyenneté à ceux qui ont été exclus d'Xie en est un.

Soliae : Mais à nouveau quel est notre intérêt ?

Xénotrope : Je vois au moins une raison : nous discutons toujours avec des étrangers et pays étrangers. Parmi nous, il peut y avoir d'anciens Qiens chassés par la violence de Qie et qui souhaitent voir leur statut de victime reconnu.

Peut-être voudront-ils rester Xien ou continuer à vivre en Xie, tout en affirmant leur droit à se réclamer Qien, au moins à titre symbolique. C'est peut-être l'inverse. Les Xiens manquants peuvent être en Qie. On proposera un statut de citoyen d'honneur pour ceux qui veulent seulement affirmer leur citoyenneté passée et honorer ainsi la mémoire de leurs ancêtres. Rétablir les Xiens manquants dans leur citoyenneté peut permettre d'être rétablis dans notre citoyenneté de Qiens ou Ziens.

Cliophile : De plus, il y a parmi nous certainement des rescapés de ce genre de massacres commis par les Xiens en Xie : des Arméniennes ont survécu en Turquie, des Juifs ont survécu en Allemagne. Ces rescapés sont probablement en petite minorité, incapables de faire entendre leur voix. Les Sud-Africains, noirs et majoritaires, sont plus audibles que les Aborigènes d'Australie. Si d'autres rescapés de tels massacres redeviennent Xiens, les Xiens rescapés seraient moins isolés. Personne ne veut être le dernier des Mohicans. Pouvant tous être le plus discriminé ou le plus défavorisé, il est de notre intérêt d'accepter ce principe de restitution de la citoyenneté.

Xénotrope : Allons plus loin, si l'on veut vraiment être dissuasif, il faudrait offrir la citoyenneté à tous les groupes assassinés ou chassés. Les Allemands devraient proposer la citoyenneté allemande à tous les Juifs, tous les Roms et tous les homosexuels, qui ne devraient avoir que l'embarras du choix, tant ils ont été persécutés dans différents pays. Non seulement le crime ne doit pas payer, mais il doit être contreproductif : vous voulez vous débarrasser d'une catégorie, vous la retrouverez au centuple.

Perplexe : Faut-il étendre cette mesure aux crimes commis à l'étranger, notamment dans les conquêtes coloniales ?

Cliophile : En l'occurrence, ces actes supposaient une incursion dans un pays étranger et sont déjà condamnés par le droit international. De surcroît, ces personnes ne voulaient pas devenir Xiennes, mais rester indépendantes. Leur proposer d'être Xiennes à titre de réparation, comme aux Ukrainiens d'être russes, aux Polonais ou aux Hereros d'être allemands, serait une insulte et une sinistre farce. S'ils étaient en difficulté, il faudrait plutôt les aider à être indépendants. Si pour diverses raisons, leur immigration en Xie était souhaitable, ce n'est pas à titre de préalable.

Xénotrope : Ce pourrait d'ailleurs être un mépris pour leur pays ou leur citoyenneté dont on présuppose qu'ils n'ont pas de valeur par eux-mêmes. Ce pourrait affaiblir encore leur société : si les Hereros étaient indépendants et pauvres, se contenter de leur donner la nationalité allemande pourrait faire de leur pays un pays vide.

Cliophile : Il ne faut pas se limiter aux génocides. Si la guerre est une relation d'État à État et non d'individu à individu, elle ne devrait conduire qu'à un changement de frontières ou de contrôle sur un territoire donné. Elle ne doit pas chasser les populations. Au pire, celles-ci changeraient de citoyenneté, de pays et de gouvernement, mais pourraient rester sur place. Un tel droit au retour après les combats est d'ailleurs prévu dans les Conventions de Genève.

Candide : Mais pourquoi se limiter aux violences physiques ? Il y a ceux qui ont fui le pays, poussés par la misère.

Xénotrope : Parce qu'ils n'ont pas perdu leur citoyenneté et sont déjà pris en compte dans notre position : les Xiens en exil ont la même voix que les résidents. Ce peut-être toi ou moi.

CULTURE ET LANGUE DOMINANTE

Soliae : Je reviens en arrière. Tu as parlé de plus défavorisé et de plus discriminé. N'est-ce pas curieux ?

Cliophile : Bien vu. Selon la théorie de la justice, le plus défavorisé est le plus mal loti dans la distribution des biens sociaux et économiques. Bref, le plus pauvre. Je rajoute l'idée de plus discriminé pour désigner le plus mal loti dans la distribution des biens politiques.

Soliae : Mais c'est impensable dans la théorie de la justice. Nous y sommes égaux en libertés et droits politiques. Sous voile d'ignorance, nous n'allons pas choisir des principes politiques discriminatoires.

Cliophile : Tu as raison, mais l'application de l'égalité des droits est aussi affaire d'interprétation et de revendication : on a longtemps pu être un champion d'une telle égalité, en étant inconscient des discriminations envers les femmes, exclues des droits politiques, ou envers les homosexuels, discriminés dans leurs droits civils. Si les homosexuels étaient aussi peu représentés que les Amérindiens, ils n'auraient jamais eu le droit au mariage.

Soliae : Selon toi, leur égalité dépend donc de la présence de femmes et d'homosexuels dans la culture dominante.

Cliophile : Oui.

Soliae : En défendant la neutralité de l'État, nous évitons d'avoir une culture dominante.

Cliophile : Nous parlons dans une langue étrangement proche du français, ni en yiddish, ni en occitan. Aucun principe de gouvernement ne s'exprime sans langage. La neutralité de l'État, même dans son idéal, est confrontée à une limite initiale, celle de la langue ou des langues communes de discussion et de législation. La constitution américaine proclame l'égalité des citoyens, mais est écrite en anglais, pas dans les langues amérindiennes, ni en wolof, langue d'origine de nombreux esclaves.

Soliae : Elle serait donc écrite dans la langue des esclavagistes et des persécuteurs. Selon toi, la langue qui proclame l'égalité est elle-même inégalitaire ou discriminatoire.

Cliophile : La langue même n'est pas fasciste. Si elle contient des expressions racistes, elles doivent pouvoir être corrigées. Mais son usage reflète des rapports de pouvoir. Cet usage ne doit pas conduire à une contradiction performative : le contenu du discours proclame une égalité de droits que l'usage de la langue nie. Le plus discriminé ou la plus discriminée est celui ou celle qui ne peut participer à nos délibérations sans contradiction performative, sans se nier lui-même ou elle-même.

Soliae : Tu défends donc les identités essentielles !

Cliophile : Il ne s'agit pas d'essence ou d'identité, mais de relation de pouvoir, de privation violente de mode de vie, de territoire, d'autonomie, par l'instauration même de notre État. C'est pour une victime devoir adopter la langue et les normes de son bourreau. C'est aussi pour une femme devoir endosser les attributs du machisme pour entrer dans le débat public. Or, ces normes dominantes sont prises pour neutres.

Xénotrope : Mais pourquoi parler de *plus* discriminé ?

Cliophile : Parce que ces discriminations initiales peuvent être cumulatives : l'usage de la langue dominante peut nier celle ou celui qui dit « je », que ce soit en tant que femme ou en tant que membre d'un groupe linguistique ou culturel.

Xénotrope : Si je t'ai bien compris, le français est dominant, voire oppresseur en France, mais non au Québec si les francophones n'ont pas exterminé les Amérindiens. L'expression de l'*Habeas Corpus* en anglais est légitime, mais la déclaration des droits de l'homme américaine ou la constitution américaine sont une contradiction performative par leur expression en anglais.

Cliophile : Oui, si elles sont seulement en anglais. Si son usage s'était répandu pacifiquement en Amérique, il serait légitime. À tout le moins, la constitution américaine devrait être écrite et publiée dans toutes les langues opprimées par la construction des États-Unis.

Xénotrope : Quel est le critère pour décider des langues légitimes : les immigrés doivent-ils aussi être dispensés d'un usage de la langue dominante ? Sont-ils victimes d'une discrimination comparable ?

Cliophile : Non si leur présence sur le territoire ne résulte pas d'une importation violente du pays d'accueil. Le critère est le même que précédemment : le refus que le crime paye.

Soyons plus précis : cette proposition ne concerne que les langues dont l'élimination est constitutive de notre cadre de délibération, donc les langues autochtones, amérindiennes, pour les États-Unis, les langues régionales ou d'Outre-mer pour la France. Elle concerne aussi les langues des populations importées de force, comme les esclaves, langues d'origine ou créées en captivité, comme le créole.

Soliae : Toutes les langues persécutées devraient-elles devenir des langues officielles ? C'est condamner certains pays à la paralysie ou à la ruine : le budget entier de l'Indonésie passera dans la traduction de ses centaines de langues. Et l'enseignement des langues accaparera tous les cursus !

Cliophile : Le choix des langues officielles et d'enseignement dépend bien sûr du contexte linguistique. Mais des solutions raisonnables sont envisageables. En fonction du plurilinguisme du pays, ces langues réprimées devraient devenir officielles (même s'il y a une langue commune d'usage) et leur apprentissage devrait être obligatoire.

Soliae : Donc les Hopis devraient apprendre le hopi et les Noirs américains le wolof ou autre langue africaine, alors même que ces lointaines origines ne représentent plus rien pour eux. Tu les enfermes dans des identités ethniques passées, voire obsolètes.

Cliophile : Non bien sûr, il n'y a pas d'obligation à apprendre sa langue d'origine supposée.

Soliae : Donc les noirs américains devraient apprendre le hopi, alors même qu'ils n'ont aucune responsabilité dans l'élimination des Amérindiens ?

Cliophile : Et pourquoi pas ? De même que les Amérindiens pourraient apprendre les langues et les musiques créées par les esclaves et leurs descendants. C'est une manière de ne pas s'enfermer dans sa seule souffrance et de former des solidarités nouvelles. Dans le principe, l'enseignement rendrait obligatoire une langue commune, une langue étrangère et l'une des langues persécutées.

Les Français devraient apprendre le français, une langue étrangère et une langue réprimée par la construction nationale : le breton, le basque, l'occitan, ou l'une des langues kanakes par exemple. La plupart des pays d'Europe de l'Est proposeraient l'apprentissage du yiddish ou du romani. Libre ensuite aux Juifs ou aux Roms qui y vivraient d'apprendre l'une ou l'autre.

C'est une manière pour les plus discriminés de faire entendre leur voix en faisant entendre leur langue, sans honte, ni humiliation, ni raillerie, et d'éviter que leur simple prise de parole ne soit la négation même de leur égalité et de leur liberté.

Les représentants politiques devraient s'exprimer dans la langue de leur choix à l'assemblée : même sans traduire tous les documents officiels dans toutes les langues reconnues, il serait possible de s'exprimer dans les langues amérindiennes au Congrès américain ou dans les langues régionales au Parlement français : le salaire de quelques traducteurs à l'assemblée ou au congrès ne ruinera pas le budget de l'État.

Xénotrope : Ta proposition est capitale : les victimes ou descendants de victimes parmi nous doivent pouvoir défendre leurs intérêts et se faire entendre, on l'a vu. Elle n'est pas seulement au bénéfice des plus discriminés, elle est aussi clairement dissuasive : si vous tentez de vous débarrasser d'une minorité, vous la retrouverez avec un statut préférable. Une langue marginalisée, méprisée, qui n'avait jamais eu accès aux cursus scolaires et aux parlements, comme le yiddish ou le romani, obtiendrait ses titres de noblesse.

Contraire : Il y a une proposition de réforme linguistique bien plus simple : conscients des crimes fondateurs de notre État, cessons de parler de société juste. Ne parlons pas même de juste-pour-nous, en feignant de nous réfugier derrière une relativité des sens de la justice. Parlons de société agréable et confortable, cela nous évitera bien des complications.

Xénotrope : Mais que ferais-tu si tu te trouves dans une position défavorable ?

Contraire : Rien de plus ou de moins que vous, j'essaierai d'y échapper. Mais je n'aurais pas l'illusion d'une protection immatérielle et céleste par des principes philosophiques de justice ou des droits de papier.

PERDRE SON TERRITOIRE

Perplexe : Mais si c'est le territoire qui est manquant et pas seulement les Xiens ? Je reviens à mes doutes sur notre point de départ. Notre belle construction politique et juridique, qui se veut rationnelle, repose sur un socle factuel et contingent. N'est-ce pas construire sur du sable ?

Xénotrope : N'étant pas solipsistes, nous ne rêvons pas d'être maîtres et possesseurs de la nature. Cette contingence montre les limites d'un rêve volontariste de dépassement de la nature par le droit. La souligner a ses vertus. Le territoire est pour les juristes un être juridique, sa possible disparition rappelle que c'est aussi un être naturel. Elle rappelle la fragilité des constructions politiques et la nécessité de prendre soin du territoire comme terre, forêt, sable, ou mer. Le territoire n'est pas un simple donné inamovible : on l'aménage, on le protège. Les Pays-Bas n'auraient guère de territoire sans cela. On peut aussi le détériorer.

Perplexe : Mais ce que l'on peut aménager ou détériorer relève-t-il d'une simple factualité, de simples circonstances de la justice ?

Xénotrope : Tu as raison : le problème est mal posé. Je vois une double limite à cette contingence et à cette factualité des circonstances de justice. D'une part, ces dernières sont censées être des données. D'autre part, leur disparition suspendrait les réclamations de justice. Il n'y aurait pas de justice là où le partage est impossible. Dans un naufrage, si je suis seul au milieu des flots avec un canot à proximité, je peux m'en emparer pour me sauver, même s'il n'est pas à moi. La distinction du tien et du mien ne vaut plus[87]. La disparition des circonstances de la justice suspendrait les règles de justice.

C'est une bien curieuse conception de la justice, limitée à la question du tien et du mien. En cas de naufrage, s'il n'y a pas assez de canots, la question n'est pas d'abord « à qui appartient ce canot ? », mais « qui sauver ? ». Les femmes et les enfants d'abord : même s'il ne restait qu'un seul canot, on trouverait encore juste de le réserver aux mères avec leurs enfants, voire aux seuls enfants.

Perplexe : Que veux-tu dire ?

Xénotrope : Qu'il y a des règles de justice pour les situations d'urgence, de pénurie grave et de catastrophe ou de guerre. Les États peuvent alors réquisitionner les propriétés et les biens ; les règles de justice portent alors sur la hiérarchie des personnes à secourir. La suspension des règles de justice ordinaire ne signifie pas l'absence de toute justice. De telles règles existent dans le droit international humanitaire ou dans la médecine de guerre.

Perplexe : Ton analogie du canot est curieuse et inquiétante : puisqu'il n'y aura pas assez de pays pour tous les humains, il faudrait distribuer les pays ou les territoires à certains et en sacrifier d'autres ?

Xénotrope : Pas du tout, je souligne simplement ce qu'il y a de limité ou trompeur dans cette réflexion en termes de circonstances de la justice, en deçà desquelles il n'y aurait pas de justice : telle circonstance disparaît et la justice disparaît. Notre territoire disparaît et voilà plus d'État, plus de justice, plus rien. Selon moi, il y a un en deçà des circonstances de la justice étatiques, qui est encore affaire de justice ou d'injustice. Car ces circonstances ont une histoire de droit et d'injustices internationaux. Elles ont une extériorité.

On l'a vu négativement avec l'injustice possible de notre point de départ, si ces circonstances de la justice résultent de crimes de masse. Nous avons refusé d'avaliser des injustices fondatrices de notre État. Voyons les choses à l'inverse : ne pouvons-nous refuser d'avaliser des injustices destructrices de notre État ?

Perplexe : Mais corriger une injustice commise envers d'autres ne dépendait que de nous. Corriger une injustice à notre égard dépend des autres. On s'interrogeait précédemment sur notre générosité envers les Xiens manquants. Pourquoi inversement, les étrangers se soucieraient-ils de nous ?

Xénotrope : Parce qu'en l'occurrence, ils sont dans la même situation que nous. Pas plus que nous, ils ne savent si leur territoire est menacé. D'ailleurs en matière climatique, nous sommes tous, à divers degrés, à la fois victimes et responsables. Prendre soin des victimes, c'est prendre soin de nous-mêmes. Nous pourrions donc tous bénéficier d'une justice en deçà ou au-delà des circonstances de justice étatiques.

Perplexe : Et comment ?

Xénotrope : On a parlé des Xiens manquants ; il faudrait aussi parler des territoires manquants, s'ils venaient à disparaître. On a parlé de plus discriminés pour les plus mal dotés en biens politiques, au point qu'ils ne peuvent accéder à l'expression politique. Par une analogie imparfaite, on devrait parler de territoire (pris en un sens politique et juridique) le plus détérioré, à savoir celui dont la détérioration empêche l'exercice des droits politiques, car ils sont devenus invivables. Le pays vide dont le territoire a disparu en est la forme extrême.

Perplexe : En quoi cela bénéficierait-il à ses citoyens ?

Xénotrope : Il faudrait instaurer un statut international de pays détérioré. S'ils ont eux-mêmes détérioré leur territoire jusqu'à le rendre inhabitable, les citoyens pourraient poursuivre leur État pour violation de leurs droits politiques. Si la cause de ces détériorations est étrangère, ce statut appellerait des compensations internationales pour l'atteinte à leurs droits politiques.

CHAPITRE IX

DIVISION OU UNION DES ÉTATS
DE NOUVEAUX CHOIX

FRONTIÈRES, ÉTAT MONDIAL OU PLURALITÉ D'ÉTATS

Perplexe : Si l'on pose la question du territoire, ne faut-il pas poser celle des frontières et de leur tracé ?

Xénotrope : Je ne vois que trois solutions : conserver le *statu quo*, les modifier ou les supprimer. Commençons par le dernier cas. La manière la plus radicale d'envisager leur abolition serait un État mondial. Cela résoudrait le problème des territoires étatiques qui disparaissent.

Candide : Ne l'avons-nous pas déjà envisagé en évoquant un voile d'ignorance global ?

Xénotrope : Pas nécessairement. Une position originelle globale est compatible avec un pluralisme politique. Sous un voile d'ignorance global, les individus doivent choisir entre se réunir dans un État mondial et se séparer en États. Ces théories cosmopolitiques reprennent des critiques traditionnelles contre un État mondial, trop vaste et trop distant des citoyens pour être correctement gouverné, oscillant donc entre anarchie et despotisme, imposant un modèle politique unique. Ignorant ses préférences sous voile d'ignorance, on préfèrera un pluralisme préservant la liberté et la pluralité des conceptions de vie. Un monde hétérogène et pluraliste accommode aussi les sceptiques, les tolérants et les défenseurs de l'autonomie de différentes cultures politiques[88].

Cliophile : Cette divergence est manifeste sur l'État providence : autant les grandes démocraties convergent sur les droits politiques fondamentaux, autant elles divergent sur les droits sociaux. Il y a des désaccords raisonnables entre des conceptions de la justice concurrentes.

Ce pluralisme satisfera aussi les pourfendeurs du solipsisme, car l'État mondial sans extériorité ni politique étrangère deviendrait rapidement solipsiste.

Soliae : Assurément, là est le paradoxe, qui ne plaira pas aux penchants cosmopolitiques de certains : un État mondial serait solipsiste. Pour l'État mondial, son monde est le monde. L'idée d'un tel État, sans politique étrangère, ni armée, ni ambassadeur, est la conclusion logique de théories qui pensent la société politique sans extériorité.

Cliophile : Serait-il d'ailleurs un État ? Il ne semble pas remplir les critères d'existence des États puisqu'il ne pourrait être reconnu par personne, ni entrer en contact avec d'autres États. Le droit international disparaîtrait également, devenant un droit intra-national. L'État mondial n'est-il pas une impossibilité juridique ?

Soliae : Quoi qu'il en soit, cet État serait solipsiste selon les critères du solipsisme logique : il n'aurait plus d'armée, d'ambassade ou d'institution en charge de l'étranger et des étrangers. À moins que les ufologues n'obtiennent le maintien d'ambassades et d'un service d'immigration pour de possibles Aliens !

L'État mondial ou cosmopolitique serait d'autant plus solipsiste qu'il résulterait d'une absorption, voire d'une élimination de tout étranger et de tous les étrangers. Il serait même l'aboutissement logique du solipsisme politique : sous une version guerrière, l'extériorité aura été éliminée, sous une version pacifique, elle aura été absorbée. Il le serait d'autant plus qu'il refuserait à ses dissidents ou à ses minorités toute possibilité d'autodétermination, qu'il aurait éliminé toute culture de la pluralité, de l'étranger et de l'extériorité, pour éviter les sécessions et l'émergence de nouveaux États.

Xénotrope : Mais justement un pluralisme interne de l'État mondial ne pourrait-il satisfaire une aspiration à une diversité raisonnable ?

Cliophile : Il devrait être très limité : pour rester mondial, un tel État devrait refuser la dissidence interne pouvant conduire à la création de nouveaux d'États. C'est pourquoi la quête de l'État mondial est vaine. À supposer qu'on y parvienne, il ne le restera pas longtemps. La création de nouveaux États est une tendance constante des relations internationales, la plupart par divisions internes.

Xénotrope : Mais l'État mondial serait une solution pour les apatrides climatiques.

Cliophile : Certes, ces apatrides devenus mondiens auraient une citoyenneté. Toutefois, cette solution peut n'être qu'en trompe-l'œil. Depuis la fin du xxe siècle, le nombre des personnes déplacées à l'intérieur de leurs frontières a dépassé le nombre des réfugiés hors des frontières de leur pays d'origine, devenant un objet de préoccupation majeure pour le Haut-Commissariat des Nations Unies pour les Réfugiés. De même, la citoyenneté mondiale pourrait transformer les réfugiés externes en personnes déplacées internes… et rebaptiser le problème.

Candide : Mais si ces théories cosmopolitiques abandonnent l'idée d'un État mondial, sous un voile d'ignorance global, comment concilie-t-on l'idée d'une pluralité d'États et la critique de l'arbitraire et de l'immoralité des frontières ? Propose-t-on un redécoupage des États plus juste ? Une nouvelle carte du monde moins arbitraire ?

Cliophile : Mais sur quelle base rationnelle ? Surtout si l'on ne reconnaît pas les nations ou les peuples. Et si on les reconnaît, comment faire coïncider un peuple et un territoire, sans de nouvelles purifications ethniques ? Les déplacements de populations pour créer des nations plus unies sont de sinistre mémoire. Veut-on créer de nouvelles frontières ? Mais ces nouvelles frontières qui effaceraient des annexions violentes sont-elles plus justes ? Les frontières précédentes ne découlaient-elles pas aussi de violences ? Sans compter les violences ou nouvelles injustices qui découleraient de ces nouveaux découpages. Car d'autres sont nés là et y ont fait leur vie, ont construit des organisations politiques qu'il faudrait redécouper.

D'ailleurs les tentatives de rationaliser les frontières ne semblent guère recommandables, à l'instar des découpages de frontières coloniales qui ont l'apparence de la rationalité géométrique, mais qui ne tiennent nul compte des populations qui y vivent.

Xénotrope : Les théories du voile d'ignorance global ne défendent d'ailleurs pas une telle idée.

Cliophile : Mais alors à quoi bon proposer un choix entre État mondial et pluralisme étatique ?

Xénotrope : C'est un gain théorique par rapport à une délibération des États : on voit mal les États décider d'un État mondial. Ce serait s'abolir eux-mêmes. Seules des entités non étatiques, comme les individus, peuvent le faire.

Cliophile : Mais ce gain est illusoire : finalement, on reconduit le *statu quo* et rien n'est changé dans la carte du monde. Le problème du tracé des frontières, source de nombreux conflits internationaux, n'est pas réglé.

À vrai dire, il y a bien un changement, mais ce n'est pas un progrès. Sous voile d'ignorance global, dans une situation pré-étatique ou pré-politique, on est libre de choisir. En choisissant le pluralisme étatique, de deux choses l'une : soit on propose un principe de remodelage des frontières moins arbitraire et plus juste ; soit on légitime indirectement le découpage des États avec leurs frontières.

C'est une différence significative avec notre position : on hérite de frontières historiques. On n'est pas dans une situation pré-politique où nous pouvons les surplomber. On ne prétend nullement qu'elles ont été l'objet d'un choix rationnel, même indirect, sous voile d'ignorance.

Candides : Les frontières sont donc injustifiables ?

Cliophile : Leur tracé s'explique par une histoire de conflits, de traités et de négociations. Elles ne peuvent être justifiées qu'*a posteriori* : négativement par l'impossibilité de leur trouver (sauf exceptions) des alternatives meilleures et par les violences et chaos qui résulteraient de leur modification. Elles peuvent aussi l'être positivement parce que des hommes et des femmes y ont développé librement des formes de vie communes, appréciables et pacifiques.

C'est ce qui légitime que l'on puisse les défendre en cas de guerre d'agression[89].

Xénotrope : Je concède d'ailleurs que ma proposition précédente (accorder la citoyenneté Xienne comme réparation) suppose une valeur des communautés politiques.

Cliophile : Et les peuples sans État réclament d'avoir le leur plutôt qu'un État mondial.

Soliae : Il ne reste qu'à défendre le *statu quo*. On peut aussi ignorer le problème. Après tout, la théorie de la justice ne se pose pas la question des frontières.

Cliophile : Mais c'est se condamner à voir passer le train de l'histoire en spectateurs. Des États meurent et naissent incessamment. La plupart des États, même séculaires, ont connu des changements de frontières. Il serait paradoxal que ce cadre de la vie démocratique ne soit pas l'objet de décisions démocratiques.

Candide : Comment décide-t-on démocratiquement des frontières, alors ?

DIVISIONS INTERNES ET EXTERNES

Cliophile : Commençons par le changement de nos propres frontières. Nous l'avons déjà envisagé en doutant que nous soyons encore Xiens.

Sortant d'un état de nature, ou dans la position originelle de *La Théorie de la justice*, nos prédécesseurs contractualistes supposaient l'adéquation entre un territoire, un peuple, une langue et leur appliquaient les mêmes principes de gouvernement. À leur instar, notre scénario initial supposait un pays unifié.

Il faut envisager d'autres scénarios. Nous héritons de frontières extérieures ; nous pourrions aussi hériter de séparations internes sous forme de cantons, de régions, de provinces autonomes, de républiques. Nous parlons la même langue. Mais le multilinguisme a des vertus dont nous sommes peut-être privés. Il ne faut pas oublier les pays multilingues, multiculturels ou multinationaux. Nous pourrions aussi être un État fédéral.

Candide : Quels seraient nos choix alors ?

Cliophile : Nous devrions au moins décider si nous voulons conserver ces divisions, les réformer, les supprimer ou en créer d'autres et selon quels principes. Des statuts de minorité ou de majorité seraient à discuter.

Ces séparations internes pourraient d'ailleurs devenir externes si les différentes parties d'un pays se séparent.

Il nous faudrait décider de leurs principes. L'une des seules séparations équitables est celle entre la Tchéquie et la Slovaquie : on peut la regretter, la trouver absurde, mais elle a été choisie sans contrainte, par l'ensemble des Tchécoslovaques et non par une décision unilatérale des seuls Tchèques ou des seuls Slovaques. C'est l'une des rares frontières à n'être pas née de violences et à ne pas en avoir engendré de nouvelles. Car les décisions d'indépendance, même démocratiques, engendrent souvent des atrocités que personne ne voudrait s'infliger.

Xénotrope : Les règles de la justice internationale seraient alors celles d'un divorce par consentement mutuel[90].

Cliophile : À condition que l'on n'attende pas de miracles des nouvelles frontières. Ce n'est pas parce que l'on aura planté un drapeau à notre image et que l'on sera entre Tiens ou Siens plus purs, plus authentiques, que les problèmes économiques, sociaux, écologiques seront résolus.

Xénotrope : Mais pourquoi envisager de telles séparations si elles reposent sur des illusions ? Comment les justifier alors que, sous voile d'ignorance, nous ne savons rien de nos éventuelles différences ?

Cliophile : Ces divisions peuvent apparaître équitables si l'union antérieure résultait de violences de masse. Elles peuvent être préférables à une réconciliation forcée. Elles peuvent aussi être la seule solution d'une minorité linguistique ou culturelle, si une majorité hégémonique lui impose ses normes au nom de la neutralité de l'État. De telles divisions devraient être au bénéfice des plus discriminés.

Elles seraient condamnables, en revanche, si elles se faisaient à leur détriment et avalisaient des purifications ethniques, reléguant une partie de la population sur une portion congrue du territoire.

RÉUNION, ASSOCIATION, UNION

Xénotrope : Raisonnable sous voile d'ignorance, un tel principe pourrait entraîner des surenchères nationalistes et séparatistes dans le monde réel. Et ce, sans gain significatif en termes de justice, les identités nationales pouvant engendrer des illusions de toute puissance.

Nous pouvons aussi envisager notre association avec d'autres. Il faudrait ainsi déterminer les termes d'une éventuelle réunification de pays précédemment divisés. Voulons-nous disparaître en tant qu'État, pour nous rattacher à un autre, comme la RDA au profit de la RFA, ou en former un nouveau ? Nous pourrions aussi former une union avec d'autres pays avec des règles communes, voire intégrer un État fédéral.

Cliophile : C'est compatible avec une séparation : un pays peut se scinder et ses parties intégrer une ou des unions, comme la Tchécoslovaquie.

Soliae : Mais l'association est-elle la disparition des frontières ou leur modification ?

Xénotrope : Ce sont des cas à différencier. Il y a des modifications physiques des frontières, si deux pays s'accordent sur une modification de leur tracé. Dans une (ré)unification, les frontières internes sont supprimées et le nouveau pays a de nouvelles frontières[91].

Dans une union entre pays, il s'agit plutôt d'une modification qualitative : leur tracé est inchangé, mais les frontières deviennent poreuses, voire inexistantes entre les pays de l'union. À l'extrême, une frontière externe peut devenir interne dans un État fédéral.

Soliae : Parles-tu de la transformation de l'Xie ou de sa disparition ?

Xénotrope : Pardon, mon propos n'était pas clair. Parfois des pays disparaissent par scission ou par rattachement à un autre. C'est différent d'une union : non seulement le pays y maintient son existence, mais il peut même se renforcer.

MORT OU SALUT ?

Soliae : Halte-là. Ces deux hypothèses tournent le dos au contractualisme. Dans le premier cas, tu envisages la fin de notre pays. Envisager seulement sa création, à l'instar des théories du contrat social, est suffisant.

Xénotrope : « Si Sparte et Rome ont péri, quel État peut espérer de durer toujours ? Si nous voulons former un établissement durable, ne songeons donc point à le rendre éternel. Pour réussir, il ne faut pas tenter l'impossible, ni se flatter de donner à l'ouvrage des hommes une solidité que les choses humaines ne comportent pas »[92]. Le *contrat social* a bien envisagé sa disparition.

Soliae : Mais une telle fin, comme la mort, y est subie et non choisie. Tu innoves en proposant donc une fin volontaire, un suicide des États ?

Xénotrope : Les États ne naissent pas de rien. Vouloir la naissance d'un nouveau pays, c'est vouloir la disparition de celui qui l'a précédé. Pourquoi seule leur création serait-elle un acte de volonté ?

Soliae : Mais cette disparition est un échec pour le pays antérieur. C'est alors une dilution, une désagrégation, une fin de la volonté générale.

Xénotrope : La fin des États peut résulter de facteurs extérieurs, catastrophe naturelle ou conquête. Elle est alors subie. La volonté générale peut se fragmenter en intérêts particuliers. Nous sommes alors individuellement responsables de notre désagrégation politique. Ne pourrions-nous l'être collectivement ? Nous serions les acteurs d'une reconfiguration politique.

Soliae : Mais à nouveau pourquoi un tel suicide ?

Xénotrope : Je dirais plutôt une assurance vie ou une assurance obsèques, selon ton degré de pessimisme. Puisque les États sont mortels, autant envisager un au-delà de l'État et une voie de sortie. Le long terme peut être au-delà de tel ou tel État comme forme juridique transitoire.

Cliophile : Il y a effectivement des États éphémères qui vivent moins longtemps que leurs citoyens. Les individus changent d'État sans changer de lieu. On l'a vu. En restreignant la délibération démocratique au cadre de tel État, on empêcherait des projets de vie à long terme.

Xénotrope : Et rappelons-nous que nous pouvons être en exil, sans territoire. Pour éviter d'être apatride, nous pourrions acter notre disparition et notre inclusion dans un autre pays qui nous donnerait des droits. Ce serait sortir de notre État pour entrer dans un autre.

Soliae : Mais ce serait avaliser un *anschluss* climatique. Les grands pays annexeront des petits et non l'inverse. Ils récupèreront ainsi leurs territoires et eaux territoriales.

Xénotrope : Tout à fait, surtout si l'on n'accorde aux Xiens que des droits individuels, sans droits collectifs. On en revient donc à la seconde solution que je défendais, celle d'une union avec d'autres qui serait, non la disparition de l'Xie, mais son renforcement, voire son salut. Elle pourrait garantir nos droits de citoyens, ici et ailleurs. La perte du territoire ne serait pas notre fin, seulement notre exil et celui de notre gouvernement, ailleurs dans l'union.

L'entrée dans une union avec des règles communes librement consenties serait donc un acte positif de la volonté générale.

Candide : Et pourquoi alors ne choisirions-nous pas alors une union mondiale ?

Xénotrope : Peut-être le ferons-nous, si elle est souhaitable.

Candide : Mais quelle est la différence avec un voile d'ignorance global ?

Cliophile : Une union du genre humain serait pour nous un point d'arrivée et non un point de départ. Nous ne sommes pas dans une situation de libre choix désengagé entre pluralité d'États et union mondiale.

Candide : Mais si nous décidons des frontières, est-ce que nous ne les justifions-nous pas ?

C'est bien ce que vous reprochiez à une délibération sous voile d'ignorance global ?

Cliophile : C'est une décision au cas par cas, sur certaines frontières. Cela ne légitime pas rationnellement et *a priori* les autres frontières ou la carte du monde.

RÉCAPITULATION

Candide : J'essaie de récapituler pour m'assurer d'avoir compris. Grande différence avec notre scénario initial et avec la théorie de la justice : nos frontières ne sont pas un fait accompli que nous avalisons sans discussion. C'est un point de départ dont nous héritons : nous pouvons nous en réjouir et vouloir le préserver, nous pourrions aussi le modifier, bien sûr pas par la violence, mais par division interne ou par association volontaires. Transformer le pays, notamment par une union, ce peut être le renforcer, non le voir disparaître. Les théories du contrat social voient ce contrat de création comme volontaire. Nous envisageons aussi sa fin ou ses mutations comme un possible acte de volonté générale et non un simple délitement.

Xénotrope : Pour être plus clairs, récapitulons les différents scénarios.

Notre cadre initial devient le scénario 1, celui d'un pays unifié. Soit un pays sans division politique, sous voile d'ignorance, ne sachant pas où nous sommes, ni si notre territoire est encore habitable, nous devons choisir :

1 – les principes et lois d'une société juste (politiques, économiques, sociales). Ce choix combinera politique intérieure et politique étrangère.

2 – les règles d'appartenance au pays X et les règles de résidence, d'entrée, de départ et de retour dans le territoire pour les Xiens et les non Xiens.

3 – ne sachant pas où nous sommes, nous devons aussi choisir si nous voulons rester, quitter le pays ou y revenir et à quelles conditions. Ce choix peut être individuel ou collectif.

Cliophile : Le scénario 2 est celui de pays politiquement divisés par des frontières internes, des séparations politiques[93], des pays multinationaux, des États fédéraux. Ces séparations peuvent engendrer des minorités et majorités dans les différentes parties du pays. On peut être majoritaire ou minoritaire en termes numérique, linguistique ou politique.

Sous voile d'ignorance, nous savons qu'il existe des pays divisés, sans savoir si c'est le cas du nôtre. Nous ne savons pas non plus dans quelle partie du pays nous nous trouvons et si nous y faisons partie d'une minorité ou de la majorité.

Nous devrions donc décider des mêmes problèmes que dans le scénario 1 et de surcroît :

a – si nous voulons avoir un pays politiquement uni et divisé, de quelle manière et selon quels principes.

b – d'éventuels statuts de minorité et de majorité et des règles d'appartenance aux subdivisions du pays.

c – ne sachant pas où nous sommes, nous devons aussi choisir si nous voulons rester, quitter telle ou telle partie du pays ou y revenir et à quelles conditions. Il faudra décider si nous voulons rester, partir, revenir là où notre groupe (linguistique, politique) est majoritaire ou minoritaire. Ce choix peut être individuel ou collectif.

Candide : Mais tu ne poses plus la question du réchauffement climatique et de la possible disparition du territoire ?

Cliophile : Si bien sûr, car c'est à l'intérieur des pays que se posera aussi cette disparition. Une partie de la population peut avoir à se déplacer dans une autre partie du pays. La question des allers et retours que nous posions de manière externe se posera en interne. Quels seront les droits des Xiens déplacés d'une partie du pays à une autre ? Cette question se posera dans tout pays, mais plus encore dans ceux qui sont divisés.

Candide : Et les cas de changement de frontières ?

Cliophile : Le scénario 3 envisage la division, (ré)unification ou union du pays, donc les changements de frontières. Les divisions internes peuvent devenir externes. D'ailleurs, davantage de pays ont disparu par scission que par submersion. Il s'agit de s'accorder sur les principes de division du pays.

Se reposent les questions du scénario 1 dans une variante du scénario 2, car il faudrait décider

a – des principes de notre division en différents pays, impliquant la détermination d'une nouvelle frontière internationale.

b – des droits de citoyen des anciens Xiens dans ces nouveaux pays et de leurs éventuels statuts de majorité ou de minorité.

c – ne sachant pas où nous sommes, nous devons aussi choisir dans quel nouveau pays, issu de cette division, nous voulons rester, partir ou revenir et à quelles conditions. Ce choix peut être individuel ou collectif.

Candide : Et les cas d'union ?

Xénotrope : Il faut aussi se prononcer sur les termes d'une union, soit pour former un nouveau pays avec de nouvelles frontières, soit pour intégrer une union de pays.

Il faut alors décider des mêmes questions que dans le scénario 1 et en sus :

a – des principes de cette association avec d'autres pays (fusion ou union de pays distincts), impliquant la redéfinition des frontières entre eux (abolies ou simplement affaiblies)

b – des droits des citoyens de cette union, et notamment des droits des Xiens dans cette union, et de leur statut dans d'autres pays de l'union.

c – ne sachant pas où nous sommes, nous devons aussi choisir dans quel nouveau pays de cette union nous voulons rester, partir ou revenir et à quelles conditions. Ce choix peut être individuel ou collectif. Il serait d'autant plus important que notre territoire serait menacé de disparition.

IMPLICATIONS DU DISPOSITIF

Soliae : Et que tirez-vous maintenant de ces beaux scénarios ?

Xénotrope : Ils renforcent les implications de notre scénario initial. Notre relation avec l'étranger est manifestement constitutive ; la politique étrangère encore plus indissociable de notre politique intérieure. La délibé-ration sur notre statut de citoyen est d'autant plus indissociable de celle sur le statut des étrangers que les étrangers peuvent être nous-mêmes. Et, chose nouvelle, non seulement nous délibérons sur le territoire, mais nous délibérons sur les frontières. Nous délibérons sur les présupposés non explicites de la théorie de la justice : la délimitation du groupe des Xiens, l'existence du territoire, mais aussi sa délimitation par des frontières et donc les conditions de la reconnaissance internationale de notre pays.

Cliophile : Ces nouveaux scénarios sont une extension accrue de l'égalité. Notre situation initiale étendait l'égalité entre migrants et sédentaires, entre autochtones et nouveaux arrivants. Ces nouveaux scénarios étendent aussi l'égalité entre États. Les États-nations ou les États divisés, multinationaux ou fédéraux, voire les États éphémères, sont ici traités sur un plan d'égalité, sans que l'un soit le modèle ou la norme sous-jacente des autres.

Xénotrope : Notre situation initiale accroissait notre liberté de choix. C'est une extension supplémentaire : nous pouvons décider des frontières de notre État, mais aussi de sa naissance ou de sa mort. Nous soumettons ce cadre de la vie démocratique à des décisions démocratiques.

Allons plus loin. Si nous choisissons une division, une fusion ou une union de pays, nous choisissons aussi notre nouvelle citoyenneté. La citoyenneté dans tel ou tel pays n'est plus seulement un simple effet du hasard, de la chance ou malchance d'être né ici ou là. Ce qui était circonstance de la justice (des personnes étaient réunies sur un territoire déterminé) peut devenir objet d'une délibération et d'une décision.

Candide : Mais vous semblez avoir oublié le pays vide. Où le mettriez-vous dans ce tableau ?

Chapitre x

IMAGINER LE PAYS VIDE
LE SALUT PAR L'ÉTRANGER ?

Perplexe : Comment en étions-nous arrivés à cette idée de pays vide ?

Xénotrope : C'est d'abord une possibilité logique née de la critique du solipsisme politique. Ses définitions ont fait apparaître une place dans un tableau de classification : à l'opposé d'un pays solipsiste sans rien d'étranger ni d'international, on trouve, dans une gradation ontologique, un pays qui n'existerait que par l'étranger et par le droit international et, dans une gradation logique, un pays dont toutes les institutions ne se concevraient qu'à l'aune de leurs implications étrangères et internationales.

Perplexe : Que peut être cet étrange pays non-solipsiste ?

Cliophile : Il peut d'abord s'incarner dans tout pays qui a besoin d'une reconnaissance, de relations et d'échanges internationaux pour exister. Ce pays non solipsiste prend les couleurs familières de chaque pays, l'international commençant à la maison. C'est particulièrement vrai des pays sans continuité territoriale qui doivent passer par l'étranger pour relier leurs différentes parties.

Xénotrope : Mais notre position a fait surgir une nouvelle possibilité : nous pourrions tous être à l'étranger, à l'extérieur d'un territoire vide, ayant même disparu. Le pays vide n'existerait alors que par un gouvernement et une population en exil et son siège dans des instances internationales. Il n'aurait plus d'autre territoire habitable que ses ambassades. Sa politique « intérieure » serait sa politique étrangère.

Deux pays vides ?

Perplexe : Aux deux extrêmes de cette gradation, il y aurait donc deux pays vides, le pays solipsiste et le pays non solipsiste qui perdent leurs biens, matériels et immatériels, et se vident de leur population. Le pays intraverti implose sur lui-même et le pays extraverti explose vers l'extérieur.

Xénotrope : Jolies images, mais ce parallèle entre deux pays vides ne tient pas. Car le pays solipsiste n'est pas un pays vide : certes il s'est vidé de ses biens, de sa population, il est donc vide, mais il n'est pas un pays. Sans statut étatique, ni même juridique, sans reconnaissance internationale, ni territoire légitime, il n'est qu'une illusion. Il est même indicible : les solipsistes politiques n'ont pas de langage politique.

Même si la cité ou l'île coupée du monde, l'ancienne ou la nouvelle Atlantide, et tous les mythes politiques de l'enfermement ont représenté un idéal en philosophie politique, c'est un idéal trompeur, empiriquement faux, juridiquement illusoire, logiquement impossible. En dépit de sa rémanence, de l'Antiquité à nos jours, c'est une chimère.

Le pays solipsiste est un extrême dans une gradation logique et ontologique de négation de l'étranger. À ce titre, il a une place dans un tableau des classifications politiques, mais c'est la case du tableau qui est vide, et non le pays : c'est dans cette case que figurerait le pays solipsiste s'il était une possibilité logique valide, ce qu'il n'est pas.

Perplexe : Mais pourquoi, à l'autre extrême, appeler le pays non solipsiste un pays vide ? Certes, dans ces gradations logiques, il convient de le distinguer d'un pays non solipsiste ordinaire, qui vit de relations internationales, mais dont la population et le gouvernement sont globalement sur le territoire.

Mais le pays vide n'est pas xénophobe, ni autarcique. Il ne renie pas sa population à l'étranger. Il ne renie pas davantage son gouvernement en exil. Il a bien une population et un gouvernement. Il n'est donc pas vide. C'est seulement son territoire qui l'est. Lorsqu'il n'aura plus ni gouvernement, ni population, ce ne sera plus un pays du tout. Il restera moins chimérique que le pays solipsiste voué au silence : les anciens Xiens pourront en parler au passé. Mais ne faut-il donc pas l'appeler autrement ?

Candide : Oui pourquoi pas un pays extraverti ou extériorisé ?

Xénotrope : Et pourquoi pas un pays expansif ou expansionniste ? N'est-ce pas le risque ? Plutôt parler de pays réfugié, qui doit son salut à l'étranger : au moins il n'ira pas s'installer chez les autres comme le coucou pour prendre leur place dans leur nid.

C'est pourquoi je préfère l'image un peu étrange du pays vide qui laisse jouer l'imagination : peut-être le président et le gouvernement seront-ils sur un bateau ou dans une bulle, flottant seuls au milieu d'océans ou du désert des Tartares.

Perplexe : C'est un argument bien mince.

UNE NOUVELLE POSSIBILITÉ LOGIQUE

Xénotrope : C'est juste. Il y a une meilleure raison de préférer cette expression, d'ordre logique. Le pays solipsiste n'est pas une possibilité valide. À l'autre extrême, le pays n'existant que par l'étranger l'est-il ? Juridiquement, non : un État suppose l'adéquation, même élastique, entre un gouvernement et une population occupant continûment un territoire. Les rochers ou îlots inhabités ne peuvent prétendre à une reconnaissance étatique. La visite ponctuelle de riverains, explorateurs ou touristes, ne suffit pas. Dans l'état actuel du droit international, la perte matérielle du territoire met fin au statut d'État. Ce droit évoluera peut-être. Pour préserver une fiction juridique territoriale, peut-être se contentera-t-on de quelques artifices, plateformes ou pilotis, pour planter un drapeau et installer un président gardien d'État.

Candide : Comme les gardiens de phares !

Xénotrope : Tout à fait. Les pays étrangers et une Assemblée des Nations unies pourraient lui conserver leur reconnaissance et un siège, par solidarité ou, pour les plus gros pollueurs, par mauvaise conscience ou honte publique. Ce pays serait alors une possibilité *politique* dans des rapports internationaux. Mais pour l'heure, grâce à nous, il est déjà une nouvelle possibilité *logique*, absente des théories contractualistes.

En effet, le pays vide est comparable à l'ensemble vide de la théorie des ensembles, qui n'est pas moins un ensemble que les ensembles pleins, bien que n'ayant pas d'éléments. L'ensemble vide peut avoir toutes les propriétés des ensembles pleins. De même, le pays vide pourrait avoir toutes les propriétés des autres États. Il pourrait être le moins peuplé, ayant perdu ses habitants, ou au contraire le plus peuplé, si, par solidarité, les citoyens d'autres pays deviennent Xiens par double citoyenneté. Il pourrait être le plus vulnérable, étant sans défense, ou le plus invincible, ne pouvant être militairement envahi, le plus faible ou le plus puissant par un magistère moral, le plus pauvre étant sans ressources ou le plus riche par une politique économique de paradis fiscal… Il pourrait poursuivre des politiques d'éducation nationale à distance, nationalistes ou cosmopolites, des politiques sociales libérales ou conservatrices, selon qu'il autoriserait ou interdirait le mariage entre personnes de même sexe. Il pourrait être le fer de lance d'une politique internationale en faveur de la réduction des émissions de CO_2 ou servir de refuge fiscal pour les compagnies les plus polluantes.

Même si l'appellation de pays vide est inexacte *stricto sensu*, seul son territoire l'étant, elle souligne ainsi la nouveauté de cette possibilité logique.

Soliae : Mais on n'habite pas une possibilité logique ! Vous n'allez pas résoudre des problèmes politiques et écologiques avec la théorie des ensembles. Que vous l'appeliez vide, extraverti, réfugié, peu importe, il faudrait que cela ressemble à un pays. On en est loin.

C'est d'ailleurs une nouveauté très relative, car il existe déjà des évêchés *in partibus*, quelque part dans les terres des infidèles, qui sont sans fidèles, ni clergé. C'est un joli nom pour des évêchés fictifs. Tu nous proposes un ridicule pays *in partibus* !

Xénotrope : L'analogie ne tient pas : les évêchés *in partibus* ont un territoire et une population occupe ce territoire ; au mieux, seul l'évêque est à l'étranger. Bien plus, l'évêque ne doit son évêché qu'à un pouvoir pontifical et distant, dans une forme de colonisation spirituelle symbolique, la population ayant d'autres croyances, d'autres religions. En revanche, le gouvernement du pays vide n'existe pas sans le soutien de sa population.

Pays cimetières, passés, regrettés ?

Cliophile : Par une analogie imparfaite, mais préférable, je pense aux communes « mortes pour la France », entièrement détruites par la Première Guerre mondiale, dans des zones où la reconstruction est interdite, depuis 100 ans. Ces communes se résument à une chapelle entourée de quelques tombes, quelques chemins dans les arbres, bordés de stèles. Elles gardent pourtant leur territoire communal et leur statut juridique avec un maire et un conseil municipal, vivant ailleurs. On s'y rend officiellement pour des commémorations[94]. Là nul conflit politique avec un occupant : cette zone interdite est une forêt dense, inhabitée.

Soliae : Voilà une nouvelle version de la paix des cimetières ! On n'aurait donc que des pays d'ombres, d'âmes mortes, entre tombes et monuments aux morts, avec des gouvernements de commémoration. Autant se tourner vers les pays défunts, ne vivant plus que dans les musées et souvenirs. Pourquoi pas un passeport pour l'Atlantide, Babylone ou Persépolis ? Tu raviras aussi les

nostalgiques de l'URSS, de la Yougoslavie, de la RDA…
C'est seulement un pays pour les archéologues, les
historiens, les passéistes ou les philatélistes.

Cliophile : J'ai parlé d'une analogie imparfaite et non
d'un idéal ! Et tu vois bien que l'URSS, la Yougoslavie,
la RDA ne sont pas dans cette catégorie : ces pays de
nostalgie sont disparus, mais non vides. De nouveaux États
les ont remplacés et leurs gouvernements, défunts, ne sont
pas en exil. Les communes mortes pour la France n'ont
été remplacées par nulle autre, et si elles vivent de
commémorations, c'est avec un statut juridique et officiel
actuel.

Mais tu as raison de contester un enfermement dans le
passé : le pays vide doit être aussi au présent.

Soliae : Comment ?

ÉMIGRATION ET PAYS QUI SE VIDENT

Cliophile : Les sciences sociales ne peuvent décrire
un pays qui n'existe pas, mais elles peuvent fournir des
indices. Cette possibilité logique peut s'incarner dans
l'exil des populations, fuyant leur pays sans invasion. Il
faut se tourner vers les pays que l'on quitte, sans personne
pour vous chasser, ni vous remplacer. Des pays que même
les réfugiés venant d'ailleurs n'occuperaient pas.

Xénotrope : Il y a bien sûr les territoires inondés, en
flammes, aux températures létales, ou libérant des gaz
irrespirables.

Soliae : La liste serait aussi longue des pays qui se
dépeuplent en Europe de l'Est ou en Afrique. L'Arménie
a perdu 30 % de sa population en quelques années. La fin
de l'interdiction de l'émigration dans des pays anciennement

communistes et la libre circulation dans l'Union européenne ont entraîné une hémorragie des populations jeunes et valides, les aînés seuls restant au pays. On est passé du pays des morts au pays des vieux : belle progression.

Et qu'y a-t-il là de nouveau ? N'est-ce pas une nouvelle forme d'exode rural à une échelle planétaire ? Une attraction des métropoles riches sur des populations moins urbaines ? Et dans le passé, il a déjà existé des pays dépeuplés, qui ne vivaient que par l'émigration, comme parasites de leurs travailleurs émigrés ou de leurs diasporas.

Candide : N'est-ce pas nouveau en termes politiques ?

Soliae : J'en doute : n'a-t-on pas affaire au problème classique de l'émigration comme échappatoire ? *Exit, Voice, and Loyalty* : quand ni la loyauté, ni la contestation ne sont possibles, il reste à partir[95]. Insatisfait de son sort, incapable de mener dans son pays un projet de vie à long terme ou de le réformer, on n'a plus qu'à émigrer. Mais ce vote avec les pieds est un désaveu et le pays vide n'est que le comble du désaveu, celui qui a fait fuir tout le monde.

C'est le problème classique de la dissolution du corps politique : la volonté générale s'effrite en une multitude de volontés particulières. Chacun part à l'étranger, là où il peut ; le pays cesse d'exister, ou ne devient au mieux qu'un pays fantoche.

Cliophile : Certes, mais n'est-ce pas une première forme de vie par et à l'étranger ? Les diasporas font vivre des pays d'origine par de considérables transferts financiers. Elles entretiennent aussi à distance des cultures du pays d'origine, voire des mouvements politiques. Le départ n'empêche pas une forte adhésion au pays, à la culture que l'on a quittés.

Soliae : Les diasporas peuvent confondre pays rêvé et pays réel, ne pas voir le passage du temps pour mieux figer les pays d'origine dans leur souvenir ou dans une pureté mythique. Comme les émigrés de la Révolution française qui n'avaient rien oublié, ni rien appris.

Quant à l'aide à distance à des pays sous assistance respiratoire, elle fait perdurer les systèmes politiques, économiques ou sociaux les plus injustes et dysfonctionnels, ceux que fuient ces exilés. Autant les voir disparaître pour laisser place à d'autres et meilleurs.

Cliophile : Les diasporas et les exilés de retour sont-ils plus nationalistes ou réactionnaires ? C'est fort discutable. Une typologie pourrait nous être utile. Elle révèlerait une neutralité axiologique, car il existe des exils et des retours réactionnaires, d'autres progressistes ou révolutionnaires, certains au nom du nationalisme, d'autres du libéralisme, des retours comme restauration ou changement de régime. De même que la résidence stable peut correspondre à des régimes tyranniques ou libéraux, l'exil et le retour ne déterminent pas une orientation politique spécifique. Ils manifestent simplement la possibilité d'une (sur)vie à et par l'étranger : soit que la population vive à l'étranger, soit que la subsistance économique dépende de l'étranger, ou que le pays se reconstruise par un retour depuis l'étranger.

Quant à l'aide internationale, publique ou privée, elle peut favoriser le maintien des systèmes poussant à une émigration massive. Mais cet argument se retourne : une telle solidarité des diasporas montre que le départ du pays n'équivaut pas au délitement du corps social et que les intérêts particuliers ne l'emportent pas sur l'intérêt général.

Soliae : Ou qu'il y a une ruse de la raison, chacun aidant à la survie collective, en suivant ses intérêts particuliers et familiaux.

Cliophile : Il est discutable que les diasporas ne visent pas un intérêt général. Mais admettons qu'il n'y ait là qu'une addition d'intérêts particuliers. Il reste que d'anciens pays d'émigration massive, menant une vie fantoche de parasites de l'étranger, selon tes termes, ont pu se reconstruire et devenir des pays prospères. Ils peuvent même se découvrir pays d'immigration. On peut en tirer la conclusion minimaliste que la survie par l'étranger, même si elle n'est qu'un pis-aller, peut précisément être une survie et non une simple disparition ou dissolution du corps politique. C'est un premier résultat.

Xénotrope : Notre critère n'est-il pas l'adhésion des citoyens ?

Cliophile : Tu as raison. Le pays vide peut être le système politique le plus désavoué. Celui qui nous intéresse, à l'inverse, n'existe que par l'adhésion de ses citoyens. Ne pouvant être une entité autonome qui étoufferait ou supplanterait leurs voix, il n'existe pas sans eux. Ce serait les deux extrêmes dans l'échelle de l'adhésion, mais il y a certainement des intermédiaires éclairants. Le pays que l'on fuit en raison de persécutions a peut-être un gouvernement apprécié, mais menacé par des conquérants ou des rebelles. Les pays menacés de submersion sont aussi très pauvres et vivent déjà de migrations économiques saisonnières. Les migrations climatiques s'inscrivent dans des schémas de migrations antérieurs, entre les îles d'un archipel, entre les pays, selon les besoins économiques[96]. La typologie des pays vides doit être celle des raisons de l'exil. Nous n'y retrouverons peut-être que des formes classiques de désaffection de pays moribonds, en voie de dissolution. Peut-être y trouverons-nous au contraire des formes nouvelles de légitimité politique dans l'exil ou le retour.

MONO-CITOYENNETÉ OU DOUBLE CITOYENNETÉ

Xénotrope : Assurément, comparons donc ce que nous ferions sous voile d'ignorance et ce que font réellement les migrants. Dans notre position, qu'est-ce qu'il serait rationnel de choisir ? Ne sachant pas si notre pays est submergé, il est souhaitable de pouvoir devenir citoyen d'un autre pays, Z ou Y. Il apparaît aussi souhaitable de pouvoir garder notre citoyenneté, si les pays Z ou Y deviennent inhabitables. Et même si notre pays n'a plus de territoire, nous pourrions nous réclamer de sa protection et nous réfugier dans ses ambassades, si nous étions persécutés ou discriminés dans les pays Z ou Y.

De surcroît, nous ne connaissons pas nos préférences, nous ne savons donc pas si l'obtention d'une autre citoyenneté nous satisfera. Peut-être sommes-nous telle-ment attachés à notre pays et les uns aux autres que nous voudrons rester Xiens envers et contre tout. Il est donc rationnel de plaider pour un principe de double citoyenneté systématique, permettant les allers et retours entre les pays.

À vrai dire, c'est un choix rationnel, même dans la théorie de la justice où l'on est réuni sur un même territoire, sans crainte de le perdre. Au mieux, le principe d'une double citoyenneté favoriserait une compétition vertueuse entre les pays. Au pire, il serait une planche de salut, si notre pays est envahi, s'il devient tyrannique ou invivable. Aucun pays ne pourrait accaparer ses citoyens comme des propriétés exclusives qu'il pourrait maltraiter.

Perplexe : Et si la Zie et l'Xie sont submergées toutes deux ? Pourquoi s'en tenir à la double citoyenneté ?

Xénotrope : C'est un début : on pourra élargir ensuite à des systèmes de citoyenneté commune à des unions de pays. En étant citoyen de l'un des pays, on serait citoyen de l'union, pouvant exercer ses droits dans d'autre pays de l'union. Mais l'étape importante est de dépasser une conception solipsiste de la citoyenneté, attachant la citoyenneté à un seul pays, la concevant dans un possible vase clos.

La mono-citoyenneté suppose la résidence stable dans un pays comme norme. On l'a vu. Notre position en montre les limites. Les allers et retours entre les pays sont fondateurs, au même titre que la résidence. Et selon les situations, ils sont nécessaires à l'existence du pays et à la nôtre en tant que citoyens. Il est donc rationnel de fonder nos droits dans la possibilité de résidence *et* de passages entre les pays.

Perplexe : N'est-ce pas seulement garantir la liberté de circulation ? Il n'y a rien là de bien nouveau.

Xénotrope : Pas seulement. D'une part, la liberté de circulation ne fait pas de nous des citoyens à l'étranger. D'autre part, ne voir là rien de nouveau, c'est envisager la double citoyenneté comme la simple addition de deux citoyennetés séparées, de deux résidences ici et là, et non comme un principe de passage entre les pays.

Imaginons que nous soyons citoyens du pays vide. Quelles sont nos options dans une conception classique où la citoyenneté se pense au singulier ?

Première solution : nous restons Xiens et concitoyens, avec au mieux l'équivalent d'un statut de réfugié climatique. Au mieux, car ce statut est à instituer. Nous serions soumis aux mêmes aléas que les réfugiés politiques, sans droit de résidence ici plutôt qu'ailleurs, dispersés entre les pays.

Deuxième solution : nous restons concitoyens, mais non Xiens, en nous rattachant à un autre pays. Mais, cela a été dit, un rattachement sous contrainte risque d'être une annexion climatique, doublée d'une privation de représentation et de droits collectifs. Souhaitable dans certains cas, un tel rattachement ne peut être érigé en règle.

Troisième solution : nous ne sommes plus ni Xiens, ni concitoyens, mais bénéficions d'un droit individuel à la naturalisation ailleurs. Cela satisfera les plus libertariens d'entre nous, mais chagrinera ceux qui sont attachés à notre pays, notre culture, notre vivre ensemble.

Quatrième solution : nous devenons apatrides et perdons nos droits politiques.

Le point commun de ces solutions est de supposer la mono-citoyenneté (que l'on garde, remplace ou perd) comme règle. À sa place, la double-citoyenneté doit devenir la règle.

Cliophile : Ce qui est rationnel sous voile d'ignorance est aussi ce que les migrants, les diasporas et les rapatriés choisissent quand ils le peuvent[97].

Perplexe : Et qu'est-ce que cela montre, que les migrants sont rationnels ? Qu'apporte ta référence aux sciences sociales si nous le savions déjà par notre curieuse position ?

Cliophile : Les parcours de migrants changent notre regard. La double citoyenneté y est un mode de vie construit entre deux pays. Les études sur les migrations critiquent un mythe du retour comme retour à l'identique, où tel Ulysse, on retrouverait sa place dans un pays qui vous a attendu[98]. Ce mythe du retour comme restauration du passé est l'une des formes du mythe de l'intériorité politique, où l'on peut se renfermer dans une identité originaire retrouvée. Il est l'envers d'une autre forme de ce mythe, l'idéal d'accueil ou d'intégration absorbant l'exilé : l'exil ou le retour y représentent tous deux la fin du voyage, un *terminus ad quem*. On peut refermer la porte derrière soi et oublier l'étranger après l'avoir traversé.

De telles visions du départ ou du retour ne considèrent que des voyages à sens unique, des allers ou des retours simples. Pourtant, les parcours des migrants révèlent des chemins plus complexes, des exils suivis de retours, des retours suivis de nouveaux départs, des allers et retours entre le lieu d'exil et le lieu d'origine, entre divers lieux du même pays ou entre plusieurs pays. On peut être attaché à un droit au retour, mais être également prêt à déménager pour trouver de meilleures perspectives de vie ailleurs[99].

Plutôt qu'un droit d'asile « chez nous » et un droit au retour « chez soi » définitifs, on cherche alors un droit aux allers et retours[100]. Un tel droit permet de relier les diverses facettes de vies éclatées, d'y retrouver une continuité et une cohérence.

Xénotrope : Il est également rationnel pour nous de favoriser un droit aux allers et retours et des principes d'équivalence et de traduction entre les normes juridiques, économiques, sociales entre les pays. Et ce afin de poursuivre des projets de vie à long terme.

Cliophile : Parler de traduction est fort juste : la critique du solipsisme politique s'est inspirée de la critique du solipsisme métaphysique par la philosophie du langage. La critique d'un essentialisme des significations rejoint celle d'un essentialisme des identités nationales. La signification et la citoyenneté n'existent pas en soi et par soi, indépendamment de la relation avec d'autres dans la communication ou dans les migrations.

Poursuivons le parallèle : la signification n'est pas une entité, et la compréhension sa saisie. Comprendre, c'est pouvoir traduire dans une autre langue, c'est pouvoir passer entre les langues, et la traduction ne consiste pas à retrouver une même entité préexistante dans différentes langues. Le passage d'une langue à une autre est constitutif de la signification[101]. De même, la citoyenneté n'est pas l'adéquation avec une identité nationale ou une origine close sur elle-même. La résidence, l'exil et le retour ne doivent pas être compris en termes essentialistes d'identité originaire à conserver, acquérir ou retrouver. La citoyenneté doit être reconstruite comme la possibilité de passage entre les pays[102].

Soliae : Formidable, nous serons gouvernés à distance par des Xiens à l'étranger qui ne connaissent plus rien de l'Xie.

Xénotrope : C'est l'objection inverse d'un pays fantoche vivant aux crochets de l'étranger, en somme. Il serait en effet fâcheux que les Xiens à l'étranger puissent décider du destin local de municipalités dont ils ne connaîtraient plus les problèmes de vie quotidienne. Pour éviter les effets de décisions trop distantes, des sas et des clauses seraient mis en place : la double citoyenneté requerrait tant d'années de résidence ; les citoyens non-résidents auraient le droit de vote aux élections nationales et non locales. C'est ce que pratiquent déjà certains pays.

Soliae : Quelle naïveté. Accorder la double citoyenneté est aussi un cheval de Troie pour fomenter le séparatisme et déstabiliser d'autres pays. Voyez les Allemands des Sudètes et les Hongrois de Slovaquie.

Xénotrope : Des restrictions à l'attribution de la double citoyenneté aux ressortissants de tel ou tel pays sont envisageables. De plus, ces décisions ne doivent pas être unilatérales, mais en concertation avec les autres pays.

OÙ ?

Perplexe : Cela pose plus largement la question de la localisation. Tu reproches aux politiques d'accueil de nous laisser à la merci du bon vouloir des pays tiers. Que proposes-tu de mieux ?

Candide : N'est-il pas juste que la relocalisation se fasse dans les pays qui ont le plus fortement contribué au réchauffement climatique, selon le principe du pollueur-payeur[103] ?

Xénotrope : Voilà bien le genre de fausse bonne idée que notre position vise à critiquer. Que cela soit juste pour les pays pollueurs de proposer cette relocalisation est une chose. C'est même la moindre des choses. Cela flatte aussi leur sentiment de culpabilité, de toute puissance et leur permet de se dédouaner. Mais on ne distribue pas les citoyennetés, comme les droits à polluer. Qu'il soit juste pour le pays vide et ses citoyens de devoir accepter ces droits de relocalisation est discutable. Les Tuvaluans veulent-ils vivre au Texas ou en Ariège ? Le leur a-t-on demandé ? Et selon un critère de responsabilité climatique, ils devraient aller en Chine !

La responsabilité climatique oblige à un effort de réduction des émissions carbone, de recherche et d'innovation technologique, d'aide collective et individuelle aux pays et personnes menacées, d'accueil des migrants climatiques qui le veulent. Mais elle n'autorise pas un déplacement des personnes à travers le monde, ni à déclarer cette opération juste.

Perplexe : Que proposes-tu alors ?

Xénotrope : Le pays vide et ses habitants doivent participer à la décision sur leur relocalisation et avoir une marge de choix. Comme on ne peut savoir à l'avance quel pays sera frappé par le réchauffement climatique :

1) tout État aura le droit d'être représenté à l'ONU même si son territoire disparaît ;

2) toute personne aura le droit à être citoyen d'au moins deux États ;

3) tout État devra rendre disponible des droits de citoyenneté selon un ratio à définir entre la taille de sa population, de son territoire et de ses ressources, de sa responsabilité climatique.

4) les habitants des pays (les plus) détériorés auront priorité pour accéder à une citoyenneté d'un pays de leur choix moins menacé par le réchauffement.

5) les pays les plus détériorés par des tiers auront priorité pour accéder à un statut dans les unions de pays, soit de membre, soit de pays réfugié.

Selon une hypothèse extrême exemplifiant le principe de réciprocité, un Tuvaluan pourrait obtenir la citoyenneté birmane, indienne ou française aussi bien qu'un Français pourrait obtenir la citoyenneté tuvaluane.

Perplexe : Et comment mets-tu cela en pratique ?

Xénotrope :   Ce sera aux citoyens du pays vide de décider s'ils préfèrent leur intérêt individuel ou au contraire l'intérêt collectif. Dans le second cas, les solutions suivront un principe de subsidiarité : une solution régionale ne serait mise en œuvre que si une solution bilatérale n'était pas possible ou souhaitable, et de même pour une solution globale par rapport à une solution régionale. En effet, une solution globale est la moins favorable au maintien du pays X en tant que société politique.

Selon un accord bilatéral, le pays Y peut décider de donner la citoyenneté Yienne à tous les Xiens, avec l'accord du gouvernement Xien, parce qu'ils partagent la même langue, la même culture, etc. Le gouvernement Xien se replierait en exil dans le pays Y.

Perplexe : Pourquoi ne pas se fondre en un seul pays comme l'Allemagne réunifiée ?

Xénotrope : Si le pays X était le Kosovo et le pays Y l'Albanie, l'avantage pour ces deux pays de demeurer séparés est de garder une double représentation des Albanais au Conseil de l'Europe ou à l'Assemblée des Nations Unies et de faire valoir leurs revendications dans des négociations européennes ou internationales. L'intérêt des Xiens serait de quitter l'Yie avec leur nationalité Xienne si l'Yie renouait avec des pratiques autoritaires. L'intérêt de l'Yie serait de jouer d'une image de « sauveur » de peuples en perdition, voire de monnayer son accueil des Xiens.

Perplexe : Une telle proximité géographique, culturelle et linguistique est rare.

Xénotrope : Il y a alors des solutions régionales et multilatérales pour des raisons historiques et géographiques. Sur le modèle de l'Union européenne, les citoyens du pays vide auraient droit de résidence, de travail, de vote dans les élections locales, d'accès aux soins sociaux des autres pays de l'Union européenne et leur gouvernement « en exil » continuerait à siéger dans l'Union, à Bruxelles et à Strasbourg. Si plusieurs pays européens demeuraient largement et durablement inhabitables, une citoyenneté européenne plus déterminante serait souhaitable, avec l'élection d'un président de l'Europe, une politique étrangère commune et des politiques climatiques bien plus efficaces.

Perplexe : Et que seraient des solutions globales ?

Xénotrope : Si la priorité est la conservation de droits collectifs, il pourrait y avoir des associations de pays du monde entier sur le modèle antérieur. Par exemple, les pays lusophones du monde entier : Portugal en Europe, Brésil en Amérique, Angola, Guinée-Bissau, Mozambique, les îles du Cap-Vert, São-Tomé-et-Príncipe en Afrique et Timor en Asie. L'avantage d'un tel regroupement, par rapport aux pays francophones, est que la puissance anciennement colonisatrice, le Portugal, n'y occupe pas une position de puissance ou d'accueil maximal.

Perplexe : Mais s'il y a des dictatures dans le lot ?

Xénotrope : Les pays peuvent fixer les règles de l'association. Il y aura aussi des recours si telle minorité du pays vide est menacée par ces accords. Dans tous les cas envisagés, une clause de principe est de ne pas transformer les exilés climatiques en réfugiés politiques. C'est une clause d'équité, d'efficacité et de bon sens. Si les exilés climatiques obtiennent la double citoyenneté de gouvernements répressifs, le problème ne sera que déplacé et l'on retrouvera sous le label « réfugié politique » les migrants écologiques de la veille.

LE GOUVERNEMENT DU PAYS VIDE

Soliae : Personnellement je ne vois toujours pas ce pays vide. Tu as parlé de ses citoyens. Mais qu'en est-il d'un gouvernement ?

Candide : Puisque l'État ne peut exister sans nous, ne pourrait-il être comme nous un État migrateur ? Avec ce principe de double citoyenneté, d'allers et retours, nous pourrions être des résidents Xiens par intermittence. Il pourrait en être de même de l'Xie qui aurait ses quartiers d'hiver et d'été, de saison sèche ou de saison des pluies, de fonte et de gel des glaces, de marée haute et de marée basse. Ce serait un État par intermittence.

Soliae : Tu veux dire un gouvernement qui serait tantôt en exil, tantôt sur le territoire en fonction des conditions climatiques ? Car tu ne vas pas déplacer le territoire !

Candide : On peut penser à des gouvernements migrateurs, comme les oiseaux. Mais j'imaginais un État (et pas seulement un gouvernement) existant pleinement à marée basse ou par temps favorable.

Soliae : Et pourquoi pas un statut d'intermittent du gouvernement ou de la souveraineté ? Bien étrange pays feu follet. Que fais-tu du principe de continuité de l'État ?

Candide : Il pourrait avoir un mode veille où, pays vide, il se replierait dans ses ambassades, et un mode actif où, pays plein ou partiellement vide, il retrouverait la vie normale des États avec un territoire, un gouvernement et une population de retour.

Xénotrope : Pourquoi un mode veille ? Le gouvernement en exil pourrait être très actif. En matière de politique internationale, il s'allierait avec d'autres pays pour lutter contre le réchauffement climatique, pour tenter de récupérer tout ou partie de son territoire. Tenter d'en obtenir un autre ailleurs par prêt, location, concession, compensation requérait toute son énergie.

Soliae : Mais il n'aurait aucun poids politique.

Xénotrope : Il serait représenté à l'ONU et pourrait monnayer sa voix dans des instances internationales.

Soliae : Mais il serait sans ressources.

Xénotrope : Il pourrait collecter un impôt auprès des Xiens en exil. Le consentement à l'impôt serait un critère d'adhésion. Un refus de le payer entraînerait son étiolement, puis sa disparition.

Soliae : Et que serait sa politique étrangère ?

Xénotrope : Elle consisterait d'abord à tisser des alliances pour lutter contre le réchauffement climatique et à s'assurer que les droits des Xiens sont respectés, en essayant de négocier leur répartition dans des pays dont les principes politiques leur seraient acceptables. Et si les conditions de vie dans les pays W, Y, Z n'étaient plus assurées, le gouvernement négocierait l'accueil des Xiens ailleurs et d'autres accords de double citoyenneté.

Soliae : Aurait-il une politique « intérieure » ?

Xénotrope : Le gouvernement chercherait à garder la cohésion des Xiens dispersés sur la planète. Des élections auraient lieu à distance pour choisir le gouvernement et des représentants par pays ou régions : les Xiens d'Amérique auraient leurs intérêts propres, qu'il faudrait rendre compatibles avec ceux des Xiens en Asie.

Les politiques gouvernementales se feraient à distance : le ministère de l'éducation aurait une place prépondérante car ce serait à lui d'assurer l'enseignement de la langue, de l'histoire, de la culture et de la littérature Xiennes. Il s'assurerait de l'équivalence des diplômes. Le ministère de l'économie aiderait les entreprises nationales à se reconvertir dans l'économie virtuelle et le commerce international. Les forces de police seraient transformées en garde-côtes ou patrouilles maritimes. Elles seraient intégrées dans les polices internationales (Interpol) ou mises au service d'institutions internationales sans forces de police propres, comme la Cour pénale internationale.

Soliae : Et l'armée ou des forces de défense ?

Xénotrope : Elles pourraient être intégrées dans des forces internationales, l'armée Xienne devenant un bataillon de Casques Bleus. Dans tous les cas, les forces armées pourraient défendre leurs concitoyens et leur pays seulement en défendant d'autres populations et d'autres pays. Le conflit supposé entre patriotisme et cosmopolitisme, entre mourir pour la patrie et mourir pour l'humanité, disparaîtrait.

Soliae : Mais il n'y aurait pas de ministère de l'aménagement du territoire.

Xénotrope : Et pourquoi pas ? La politique intérieure découplerait le gouvernement des populations et l'aménagement du territoire, qui deviendrait « merritoire » dans les pays submergés. Le ministère à l'aménagement du « merritoire » veillerait sur la faune et la flore marines, au respect des normes environnementales pour la pêche, la navigation ou l'exploitation des fonds marins. Le ministère de l'intérieur aurait des fonctions réduites, mais réelles : il assurerait la protection du « merritoire » et des Xiens de retour dans leurs eaux natales.

Car il y aurait mille raisons de rentrer : pour les vacances, pour des activités saisonnières, pour la pêche, pouvant être la ressource première, pour des baptêmes, des mariages, des dispersions des cendres ou des emmerrements qui remplaceraient les enterrements dans les pratiques funéraires, pour veiller sur les cimetières marins. Pour simplement affirmer sa présence, pour manifester, protester et réclamer des droits.

Soliae : Voilà un gouvernement bien folklorique ou décoratif.

Xénotrope : Il ne le serait pas dans une fédération ou une union de pays. Dans l'incertitude du sort de son pays, il est rationnel d'adhérer à des organisations multi ou supra étatiques. Supposons qu'un pays soit submergé. Ce serait une catastrophe pour l'agriculture, l'industrie, pour chacun. Il faudrait l'empêcher par tous les moyens. Peut-être s'adapterait-on avec des maisons-péniches et des routes-canaux. Toutefois, par la liberté de circulation des personnes avec le droit d'étudier, de travailler, de voter ailleurs, par le repli sur un parlement commun de l'union, le gouvernement et les citoyens pourraient conserver leurs droits politiques individuels et étatiques, et même une part de leur mode de vie et de leur culture. La submersion de leur territoire aurait ainsi des conséquences politiques moins tragiques pour les Néerlandais que pour les Tuvaluans.

Soliae : Et tu prétends que c'est grâce à l'Union Européenne ? C'est plutôt la géographie : Amsterdam est voisin de Bruxelles, Tuvalu à des milliers de kilomètres de l'Australie. D'ailleurs, une Fédération des pays de l'AOSIS ne serait pas une solution.

Xénotrope : Assurément, car ce serait une alliance des plus fragiles. Selon la géographie, selon les langues parlées et les cultures, il faudrait envisager une extension de l'Union européenne ou de formations analogues, mêlant petits et grands pays, pays plats ou montagneux. À défaut de préserver les modes de vie, ce serait un cadre de préservation des droits politiques. Et si l'on parle de géographie, Tuvalu est précisément limitrophe de la France, membre de l'Union européenne.

Soliae : Tu vois bien que l'Union européenne ne parvient même pas à répartir les réfugiés politiques en son sein. Tu étais censé montrer une alternative au solipsisme politique et tu te perds en songes creux et en mesures aussi vagues qu'irréalistes.

Xénotrope : Est-ce le lieu de détailler des mesures précises ? Ne doit-on pas s'en tenir aux grands principes ?

Soliae : Mais quels principes ? Il faudrait encore les énoncer.

Perplexe : Plus je vous écoute et moins je vous comprends. Vous parlez d'aménagement du « merritoire », de soin de la faune et de la flore. Pourquoi parler de pays vide ? C'est une vision bien anthropocentrique. Si nous voulons garder notre État, plutôt qu'il ne devienne un *no man's land*, n'allons-nous pas trouver subitement une dignité aux pingouins, alligators, poissons ou cormorans ? Leur donner un statut juridique et une citoyenneté honorifique ? Accorder une personnalité morale aux arbres et aux récifs coralliens ? On dira notre territoire dépeuplé, disparu. Nous montrerons notre « merritoire », peuplé d'humains par intermittence, d'animaux et de plantes.

Contraire : Belle force de l'aveuglement ! Dangereuse illusion philosophique ! Les océans seront vides, les animaux et les coraux morts avant nous. Avec ce pays vide, vous entretenez l'espoir d'un refuge, d'un salut, d'un ailleurs avec de l'herbe encore verte. Mais il n'y a pas d'échappatoire. C'est au monde vide qu'il faut penser.

CHAPITRE XI

REFONDER LE CONTRACTUALISME

Perplexe : Il paraît que les expériences de pensée en général et le voile d'ignorance en particulier servent à tester nos intuitions et à trouver un accord rationnel. Nous dérogeons aux usages. Ce passage par le pays vide a réussi à tous nous opposer. On le trouve trop extravagant ou trop timide ; utile ou contreproductif pour affronter le réchauffement climatique ; trop vague ou trop précis. La question se pose : que peut-on attendre de nos discussions, des grands principes ou des mesures d'action ?

Xénotrope : La priorité est de s'accorder sur des grands principes.

Perplexe : Mais lesquels ?

CORRIGER LE CADRE INITIAL : ENVISAGER L'ÉTRANGER ET LE PASSÉ

Xénotrope : Cela me semble assez évident. Nous sommes parvenus à défendre et à renouveler les théories du contrat social, notamment les plus internationalistes. Grâce à notre position et à nos réflexions, ces théories peuvent répondre à des objections fondamentales.

Perplexe : Peux-tu les récapituler ?

Xénotrope : On peut reprocher au contractualisme un solipsisme (méthodologique) ignorant l'étranger et les étrangers. Nous les prenons constamment en compte : au lieu d'être réunis sur un même territoire, nous ne savons pas où nous sommes. Nous pourrions être étrangers à l'étranger. La vie de notre pays et la nôtre ne sont pas faites que de résidence, mais aussi d'allers et retours. Il y a une égalité entre les voix des Xiens en Xie et à l'étranger, entre celles des autochtones et des migrants, entre celles des sédentaires et des nomades. Aucun mode de vie n'est privilégié, aucun n'est discriminé.

Puisque nous pourrions pâtir de nos politiques à l'étranger, la politique étrangère est inséparable de la politique intérieure. Nous ne séparons pas non plus délibération nationale et internationale : c'est dans un même processus que nous discutons tantôt entre Xiens, tantôt avec l'étranger, tant sont imbriquées les affaires intérieures et extérieures.

Nous pouvons toujours préférer l'enfermement national, mais il faudra le justifier à chaque étape, plutôt que d'en faire un point de départ naturel. En revanche, nous confortons les théories contractualistes internationalistes qui prônent l'application des mêmes principes à la politique intérieure et à la politique étrangère[104] : le cadre même de notre délibération manifeste la rationalité de cette identité ou continuité. C'est plutôt la rupture entre politique étrangère et politique intérieure qui aura besoin d'une justification additionnelle.

Perplexe : Et concernant le passé ?

Xénotrope : On peut reprocher au contractualisme de présupposer un point de départ neutre, état de nature anhistorique ou voile d'ignorance, faisant table rase du passé. Le contractualisme occulterait, voire avaliserait un héritage de violences et d'injustices. Puisque nous pouvons être de retour dans notre pays, nous retrouvons un pays quitté jadis ou naguère. Nous y sommes confrontés à l'expérience du changement, autant qu'à la rémanence du passé. Comment l'affronter ? Par notre entremise, le contractualisme peut et doit faire face au passé. Nous pouvons feindre l'amnésie et préférer des amnisties, mais cela ne va plus de soi, c'est devenu un choix à justifier. Notre point de départ n'avalise pas les violences de masse qui seraient la condition même du contrat.

Perplexe : Tu parles seulement de notre passé ?

Xénotrope : Pas seulement, aussi d'un héritage international. Car on peut aussi objecter que le contractualisme présuppose un état de nature international, sans normes, ni droits. Un tel état de nature combine l'occultation du passé et de l'étranger. Il est bien chimérique, car les théories contractualistes supposent la présence d'une population sur un territoire délimité : par qui ? Par quoi ? Par des frontières qui n'existent qu'avec l'accord au moins tacite des pays étrangers et par le droit international. Belle pétition de principe : on suppose une légitimité que l'on est censé fonder.

En revanche, nous reconnaissons un héritage du passé, celui d'une reconnaissance internationale – au moins tacite – du pays et des frontières, requérant des liens avec les pays étrangers et avec des normes internationales. Plutôt que de croire à une création *ex nihilo* ou à une génération spontanée, nous prenons conscience que notre pays est né d'une histoire de reconfiguration et de redécoupage des États qui vivent, meurent, naissent les uns à partir des autres. D'emblée, l'Xie n'existe qu'au sein d'une pluralité de pays. Nous sommes aussi plus conscients des processus de reconnaissance internationale. Parler d'État, c'est pratiquer les déclinaisons et conjugaisons du pluriel. Nous sommes aussi conscients des normes internationales qui régissent la naissance, la vie et la mort des États.

Perplexe : N'est-ce pas la question des circonstances de la justice ?

Xénotrope : Oui, on peut reprocher à la théorie de la justice de s'appuyer sur des circonstances, qui ne sont pas elles-mêmes soumises à des critères de justice. Tel n'est pas notre cas : n'étant pas enfermés dans notre pays, pouvant d'emblée nous voir de l'étranger, nous envisageons la justice ou l'injustice de ces circonstances.

Le contractualisme suppose implicitement une adéquation entre nation et territoire. Ce n'est pas notre cas. Nous n'avalisons pas un pré-découpage de notre groupe ou du territoire. Nous les devons à une histoire dont nous héritons (même si nous pouvons refuser l'héritage).

Perplexe : Il y a là deux choses : la délimitation de notre groupe et celle du territoire.

Citoyenneté sans nationalité

Xénotrope : Concernant la présupposition de groupes humains délimités, de deux choses l'une, soit le contractualisme ne parvient pas à justifier l'inclusion ou l'exclusion de tel individu ou de tel groupe. Il justifierait même l'absence d'anciens résidents chassés par la violence. Nous les appelons les Xiens manquants. Soit il présuppose un principe de nationalité ou de délimitation du groupe humain qu'il ne justifie pas ou dont il ne tire pas les conséquences : il fonde le libéralisme politique sur un nationalisme. Reconnaissant un héritage du passé, celui qui nous constitue en résidents légitimes d'Xie, nous n'avons pas à présupposer l'existence de nations : notre statut d'Xien peut être fondé sur la naissance, la filiation, la contrainte, l'adhésion, le hasard. Notre monolinguisme n'est pas non plus une évidence naturelle, un moyen neutre, mais un sujet d'étonnement. Nous pouvons contester cette délimitation initiale et ce monolinguisme, s'ils résultent de violences de masse.

Perplexe : C'est la critique de l'État-nation ?

Xénotrope : Oui, on reproche aussi au contractualisme son ethnocentrisme, privilégiant implicitement un tel modèle. Nous avons établi un cadre commun pour théoriser les États sur un plan d'égalité. C'est combattre l'ethnocentrisme de l'État-nation, mais aussi de la théorie de la justice qui suppose des sociétés relativement closes sur elles-mêmes, stables dans leur territoire et homogènes dans leur population, ne connaissant pas de problèmes de multilinguisme, et essentiellement préoccupées de problèmes de politique intérieure dans un cadre pacifié.

Ces représentations induisent une coupure entre un modèle noble, celui des États-nations, et par ailleurs des États multinationaux ou aux formes politiques instables, par leurs frontières ou l'ampleur des migrations (volontaires ou forcées) accompagnant leur histoire. Les deuxièmes apparaissent ainsi comme des formes bâtardes, imparfaites et inachevées qui devraient se régler sur le modèle national idéal. C'est ce que nous avons remis en question.

Perplexe : Et cela nous conduit où ?

Xénotrope : A un principe général, qui est de ne pas fonder la citoyenneté sur la nationalité. Ce principe s'applique d'abord au passé. Pour ne pas avaliser les crimes du passé, nous proposerons la citoyenneté aux Xiens manquants et à leurs descendants. Pour dissuader des crimes de masse, il convient même de proposer la citoyenneté Xienne à l'ensemble d'une catégorie dont certains membres ont été systématiquement persécutés par notre État.

Un statut de plus discriminé sera accordé au plus mal loti dans la distribution des biens politiques, à savoir celui ou celle qui ne peut exercer ses droits politiques sans adopter les normes de ses persécuteurs. Le plus discriminé se définit notamment comme victime de contradiction performative, qui ne peut participer à nos discussions sans nier son autonomie, car la langue dominante s'est imposée au détriment de la sienne. Nous proposons donc un principe d'équité linguistique et de réhabilitation pour les langues éradiquées par la construction même de notre pays. Ces langues doivent acquérir un statut de langue officielle et d'enseignement.

TERRITOIRE ET STATUT DE PAYS DÉTÉRIORÉ

Perplexe : Et pour le territoire ?

Xénotrope : Concernant la présupposition d'un territoire délimité, nous sommes conscients de l'histoire de violences qui a pu le façonner. Peut-être que la modification des frontières sera le seul moyen d'y remédier. À la différence des théories contractualistes nationales, nos frontières ne sont pas un fait accompli que nous avalisons sans discussion. C'est un point de départ dont nous héritons : nous pouvons nous en réjouir et vouloir le préserver, nous pourrions aussi le modifier. Souhaitant que ce cadre de la vie démocratique soit soumis à une décision démocratique, nous pouvons décider de nos frontières par division interne, par réunification ou par association avec d'autres pays, pourvu que ce soit sans violence et par un libre choix. Personne ne veut s'imposer à soi-même ou à ses enfants les violences de masse qui ont prévalu à la fondation de la plupart des pays. Pour autant, ces décisions au cas par cas ne justifient pas – au sens de rendre justes – l'ensemble des frontières et des découpages nationaux et territoriaux.

Soliae : Cette union serait la mort de notre État.

Xénotrope : Pas nécessairement. On peut reprocher aux théories du contrat social de promouvoir une volonté générale posant une alternative entre sa pleine affirmation souveraine ou son délitement. Toute association avec d'autres, toute inclusion dans un ensemble plus vaste en seraient la négation. Des États meurent, d'autres naissent. Les théories du contrat social voient le seul contrat de leur création comme volontaire. Nous envisageons aussi sa fin ou ses mutations comme un possible acte de volonté générale et non comme un simple délitement. La disparition de l'Xie peut résulter d'un libre choix collectif.

De surcroît, notre association avec d'autres pourrait être notre renforcement, voire notre salut, loin de marquer notre disparition ou dissolution. Se transformer, entrer dans une union et se donner des normes communes, tout cela fait partie de la vie normale des pays et non d'une exceptionnalité autodestructrice. Nous sortons de l'alternative entre une volonté générale affirmant une souveraineté bornée à nos frontières et notre dissolution[105].

Perplexe : Mais c'est l'existence même du territoire qui est en question avec le pays vide.

Xénotrope : On peut reprocher au contractualisme de promouvoir un volontarisme où l'on devient comme maître et possesseur de la nature. La nature, l'air, les terres et mers, ne sont au mieux que des circonstances de la justice sur lesquelles construire son édifice. Conscients de sa contingence et de sa fragilité, nous savons que notre territoire peut être ou devenir inhabitable, voire disparaître. Si le contractualisme requiert un territoire, bien plus un environnement vivable, l'écologie doit être sa philosophie première.

Perplexe : Et comment ?

Xénotrope : Il faut instaurer un statut international de pays détérioré, manifestant la dimension politique des ravages écologiques. En écho au statut de plus discriminé, le pays détérioré est celui dont l'autonomie, la liberté et l'égalité politiques sont minées par la détérioration de l'environnement. C'est aussi celui où les droits de citoyens sont menacés jusqu'à disparaître pour les apatrides climatiques. Il peut y avoir une gradation allant de la privation de droits sociaux à celle des droits politiques pour des individus ou des populations, selon qu'ils sont appauvris, privés de leurs ressources, conduits à l'exil, privés de citoyenneté et d'autonomie politique. Le pays vide est un extrême de détérioration conduisant à une déterritorialisation.

Un pays peut être détérioré par une série de pollutions locales (marées noires, catastrophes industrielles, etc.) ou par des phénomènes globaux comme le réchauffement climatique. Ces détériorations peuvent avoir une histoire, comme celle de la colonisation. Parler de pays le plus détérioré pour celui qui a perdu son territoire par l'effet du réchauffement climatique, c'est souligner une continuité entre, d'une part, une justice environnementale attentive à l'environnement quotidien, aux difficultés et solutions locales et nationales, aux différences entre les pays et, d'autre part, la justice climatique centrée sur une juste réduction et répartition des gaz à effet de serre dans une approche globale[106].

S'ils ont eux-mêmes détérioré leur territoire jusqu'à le rendre inhabitable, soit par des politiques gouvernementales, soit par des acteurs économiques privés, les citoyens pourraient poursuivre ces entreprises ou leur État pour violation de leurs droits politiques. Si les responsabilités de ces détériorations sont étrangères, ce statut appelle des réparations et compensations internationales pour l'atteinte à leurs droits politiques, qui vont de diverses formes d'assistance à une obligation de maintien des droits politiques de la population et de l'État.

Laissons le détail des mesures à des spécialistes. L'important est d'énoncer les principes déjà évoqués pour le pays vide : droit d'un État d'être représenté dans des instances internationales et à l'ONU, même si son territoire disparaît ; priorité pour un tel État d'avoir un statut dans une union de pays ; droit à être citoyen d'au moins deux États et priorité des citoyens des pays vides d'accéder à une citoyenneté d'un État bien plus vivable.

Xénotrope : Si tu fais une analogie avec les Xiens manquants à qui on restitue les droits de citoyens, considères-tu que l'on doive restituer son territoire au pays vide ?

Xénotrope : Avant de le restituer, il y a un devoir de s'assurer qu'il ne le perde pas. À défaut, il y a un devoir d'assurer au pays vide un territoire permettant l'exercice de ses droits politiques, étatiques et citoyens.

Reformuler les circonstances de la justice

Perplexe : Est-ce un en deçà ou un au-delà de l'État ? Tu sembles hésiter entre ces deux positions, plaidant tantôt pour un en deçà des circonstances de la justice, tantôt pour un au-delà de l'État.

Xénotrope : Ce peut être l'un et l'autre : des normes internationales sont une condition de l'existence même des pays, un en deçà ; une union internationale peut assurer aussi un au-delà de l'État-nation territorialisé.

Perplexe : Mais finalement que fais-tu des circonstances de la justice ? Ne faut-il pas tout simplement abandonner cette notion au vu de tes critiques ?

Xénotrope : Assurément, considérer quelque chose comme une circonstance de la justice, c'est le considérer comme un donné, neutre, ni juste, ni injuste, préalable à toute répartition des biens. On n'a de compte à rendre à personne, on ne peut non plus en demander.

Or, nous l'avons vu, le territoire et la population ne sont pas de simples circonstances de la justice, neutres, sans compte à rendre, ni à demander. Ils ont une histoire qui peut être de crimes et d'injustices et qui peuvent appeler des réparations ou des compensations. Et la disparition des circonstances de la justice étatique ne renvoie pas la pure factualité d'un fait accompli, mais à un ordre de justice antérieur ou préalable qui est celui des normes internationales.

Perplexe : Est-ce revenir à la notion de justice comme absolu ?

Xénotrope : Non, pas nécessairement. On peut considérer la rareté relative des biens et la générosité limitée des hommes comme des circonstances de la justice, mais refuser d'y intégrer le territoire et la population.

Perplexe : Est-ce alors les considérer comme des biens à distribuer ?

Cliophile : Selon quels critères ? L'incapacité d'un voile d'ignorance global à proposer un critère de redécoupage des frontières ou d'adéquation entre territoire et population est révélatrice. Une perspective surplombante qui distribuerait les territoires ou les populations combinerait arbitraire et autoritarisme.

Xénotrope : Assurément, la population et le territoire sont des éléments constitutifs qui ne sont ni des circonstances de justice, ni des biens à distribuer comme des mannes célestes.

Soliae : Tu ne fais qu'épousseter le cadre du contractualisme pour le rendre plus propret.

Xénotrope : Effectivement, il s'agit d'abord de corriger le cadre initial. Ces corrections sont des préalables au contrat, si l'on ne veut pas le fonder sur des injustices ou des illusions solipsistes. Elles sont nécessaires pour en faire une théorie d'une société juste. Il s'agit d'abord d'éviter que le crime paye au sein des éléments constitutifs du contrat : la délimitation de la population, du territoire, mais aussi la définition de la langue dominante de délibération.

Soliae : Tu évites donc que l'État ne soit criminel dans ses fondements. À la bonne heure. Mais tu n'apportes rien de plus aux théories du contrat social.

Réformer le contractualisme

Xénotrope : Ne sachant rien de notre situation individuelle et collective, nous allons nous mettre d'accord sur les grands principes du libéralisme politique interne (nous n'avons guère envie d'être persécutés par notre gouvernement), et du libéralisme politique international, allant du droit international humanitaire et du droit des réfugiés (nous n'avons guère envie d'être persécutés à l'étranger), à la condamnation des guerres de conquête et d'agression (nous n'avons guère envie d'être envahis et persécutés par d'autres pays). Ne sachant quel sera notre statut social dans notre pays, nous défendrons une justice sociale au bénéfice du plus défavorisé. Il n'y a rien là d'original.

Mais nous allons plus loin. De surcroît, dans une attention nouvelle aux apatrides, aux minorités, aux ex-concitoyens à l'étranger, nous cessons de voir les frontières comme les limites de notre coopération sociale et de notre solidarité. Nous considérons comme légitimes d'autres voies d'expression politique, les délibérations clandestines, en exil, le vote avec ses pieds.

Nous donnerons donc un droit aux allers et retours entre les pays, dépassant des visions à sens unique de l'accueil, de l'intégration ou du retour. De surcroît, dissociant citoyenneté et nationalité, nous ferons de la double citoyenneté la règle, accordant la citoyenneté à des membres de ces diverses catégories. Ce peut être une pluri-citoyenneté, mais l'étape importante est de dépasser une conception solipsiste de la citoyenneté, attachée à un seul pays.

Soliae : C'est tout ? Tu n'apportes rien de bien nouveau au libéralisme classique.

Xénotrope : Nous allons plus loin en défendant un libéralisme écologique, en réconciliant écologie et libéralisme politique. Je te rappelle qu'en respectant les grands principes du libéralisme politique interne et externe, certains États peuvent disparaître, d'autres causer leur perte. Les ravages écologiques et climatiques attaquent les droits de l'homme et du citoyen et la liberté politique des pays, jusqu'à les faire disparaître. Le libéralisme politique condamne l'annexion guerrière des territoires et les déplacements forcés de populations. Il doit faire de même pour les détériorations écologiques qui ont des effets politiques analogues.

De même que les théories cosmopolitiques, nous défendons les droits humains individuels et nous proposerons un statut protecteur des exilés climatiques. À leur différence, nous défendons aussi les droits politiques individuels des citoyens, leurs droits collectifs et les droits politiques des États respectueux de ces droits. C'est manifeste dans le statut de territoire détérioré, dans la reconnaissance du pays vide et de ses droits. On l'a vu.

Nous plaiderons aussi pour le renforcement international, juridique et pratique, des mesures de lutte contre ces détériorations et contre le réchauffement climatique et les mettrons en œuvre en Xie.

Perplexe : Nous défendrons donc une taxe carbone ?

Xénotrope : Oui, si elle est efficace et au bénéfice des plus défavorisés. Le choix des mesures sera une question d'efficacité écologique et économique, de justice politique et sociale et non d'accroissement du bien-être et du confort.

La pauvreté étant un facteur d'exposition aux désastres écologiques, ces mesures seront au bénéfice des plus défavorisés en Xie et dans l'ensemble des pays. Leur possible radicalité se justifierait aussi par la préservation des droits politiques des individus menacés de devenir apatrides et des pays menacés de disparaître.

Des règles sur la circulation des biens assureront que l'existence, la stabilité de l'Xie, sa prospérité économique ou sa consommation de biens courants ne dérivent pas d'un soutien à des gouvernements ou des entreprises qui pratiquent des violations massives des droits de l'homme ou de crimes de guerre ou en bénéficient. Il en serait de même pour la détérioration écologique en Xie et à l'étranger, qu'elle consiste en déforestation, pollution, augmentation des gaz à effet de serre.

Mais, conscients de la possibilité d'être étrangers à l'étranger, conscients aussi de la relativité des définitions de la justice à des contextes, nous nous défierons d'un usage autocentré des qualifications de justice qui servirait seulement à flatter notre bonne conscience ou à pratiquer un protectionnisme au bénéfice de nos entreprises. Nous nous défierons donc de l'application trop rigide de normes exigeantes qui, en interdisant l'achat de produits Yien en Xie, aggraverait la pauvreté du pays Y et des Yiens.

Perplexe : Et comment feras-tu respecter ces beaux principes ?

Xénotrope : Il y a la prise de conscience de chacun, les incitations économiques, les politiques publiques. On favorisera aussi des tribunaux nationaux, supranationaux et internationaux pour juger de la détérioration des pays.

Perplexe : Mais tu es le premier à avoir montré les limites de ces tribunaux qui ne jugent que des responsabilités individuelles.

Xénotrope : Assurément, mais on peut escompter que des tribunaux pour dommages et crimes écologiques seront plus dissuasifs. Certains sont prêts à mourir pour la patrie ; il est bien moins romantique de se sacrifier pour son entreprise. Et il y a aussi des condamnations des États, des entreprises et des personnes morales pour des dommages collectifs par des tribunaux civils et administratifs.

Perplexe : Mais ouvres-tu une voie nouvelle ?

Xénotrope : Oui entre un contractualisme national qui néglige les étrangers et un contractualisme cosmopolitique qui n'envisage que des droits individuels. Cette approche offre un crible pour des théories qui se présenteraient comme justes alors qu'elles oublient les droits politiques collectifs. Nous avons passé au crible l'idée d'une relocalisation individuelle des populations, dans les pays pollueurs, qui néglige les droits collectifs des citoyens des pays vides et tient pour une évidence qu'ils veulent vivre dans les pays occidentaux et pollueurs [107]. On pourrait étendre cette critique à des théories de la justice climatique globale qui visent une égale allocation d'émission carbone à tous les individus de la planète [108]. Elles pourraient être réalisées tout en laissant disparaître le pays vide et les droits politiques de ses citoyens. Nous montrons donc comment une justice climatique globale ne peut être juste sans une justice environnementale plus locale et nationale.

Perplexe : Tu encourages plutôt la scission entre justice climatique et justice environnementale en proposant cette survie du pays vide.

Xénotrope : Assurément, cette survie marque une telle scission, mais on ne la qualifie pas de juste : elle permet seulement de ne pas ajouter l'injustice politique suprême de la disparition de l'autonomie politique et de la citoyenneté à une injustice environnementale extrême.

Perplexe : Ce crible se limite-t-il à la justice climatique ?

Xénotrope : Non, on pourrait l'étendre aux théories des migrations centrées sur l'accueil qui n'envisagent que des migrants individuels dans des mouvements à sens unique et qui déclarent juste leur accueil, sans aucune considération de leur société politique d'origine. Ainsi, donner une voix délibérative aux migrants arrivés dans de nouveaux pays est noble et souhaitable[109]. Mais c'est se leurrer que de penser que cela découle du *All affected principle*, car l'immigration affecte aussi les pays d'émigration, les familles restées sur place. Notre situation rappelle que l'immigration est une relation de société à société, d'État à État et pas seulement une question individuelle[110].

Perplexe : Ces propositions sont-elles conformes au contractualisme ?

Xénotrope : A son esprit, oui. À chacune des objections contre le contractualisme, nous répondons dans une perspective contractualiste, c'est-à-dire en étendant nos possibilités de délibération rationnelle et de choix. Explicitant l'implicite, thématisant le contingent, nous interrogeons le fait accompli ou le simplement donné. Nous parvenons *in fine* à une extension du champ de nos décisions, conscients de notre place dans le monde et de notre interdépendance avec l'étranger. Le principe d'une adhésion volontaire et collective à notre pays en sort renforcé.

Un excès de volontarisme ?

Perplexe : Nous avons étendu notre liberté de décision aux frontières, à l'existence de notre État, à la délimitation de notre groupe, à notre citoyenneté. N'aggrave-t-on pas les travers du contractualisme en étendant encore le volontarisme ? Tout ne serait plus affaire alors que de choix. Cela accentuera une illusion de toute puissance plutôt que de la combattre.

Xénotrope : C'est un risque, mais qui me semble limité. Notre position est d'abord un rappel à la modestie pour le solipsiste : il pensait être maître de tout en s'enfermant en lui-même. Nous lui avons montré qu'il n'avait qu'une illusion de toute puissance.

Soliae : Tu contestes donc la quête d'autonomie ?

Xénotrope : Il est légitime que la philosophie politique défende des formes d'autonomie, mais le solipsisme les affaiblit. Il est trop facile d'être autonome quand on est seul !

Soliae : Et nous, sommes-nous autonomes ?

Xénotrope : Nous sommes plus autonomes que le solipsiste ou le nationaliste obsidional, puisque nous choisissons plus que nous ne subissons ou n'héritons sans discussion. N'est-ce pas une bonne nouvelle ? Nous étions partis de l'objection inverse.

Soliae : Les solipsistes n'étaient donc pas libres ?

Xénotrope : Ils avaient une représentation très fausse de leur liberté, comme la capacité de décider seuls, sans tenir compte des autres. Mais c'était une illusion : ils dépendaient déjà des choix et accords des autres.

Soliae : Ils pensaient donc être libres parce qu'ils ignoraient les facteurs étrangers qui les déterminaient à agir ?

Xénotrope : Ce n'est pas ce que je veux dire. L'hétéronomie politique a existé, comme dans le colonialisme ou dans des protectorats plus insidieux. Mais on peut avoir une fausse idée de l'autonomie, dans une opposition trop simple avec l'hétéronomie. Dans une bonne conscience de leur autosuffisance, les solipsistes en faisaient même le gage de leur moralité.

Soliae : L'authentique autonomie solipsiste n'est-elle pas morale ?

Xénotrope : Supposons un pays de cocagne, un havre de paix, avec une population sédentaire, qui ne voyage pas à l'étranger. Ce pays, pacifique, isolationniste, n'a jamais pratiqué la colonisation extérieure, l'exploitation des pays tiers, ni directement, ni par des intermédiaires. Ce pays riche en sources d'énergie (charbon, pétrole…) veille au bien-être de sa population, à un haut niveau de justice sociale et au respect des droits de ses citoyens. C'est une société juste selon les principes du libéralisme politique classique. Pourtant, son mode de vie aggrave le réchauffement climatique, détériore les mers. Sans être sortis de chez eux, les autarciques de Cocagne contribuent à la disparition d'un autre pays, à la privation de liberté et de droits politiques de ses citoyens.

Soliae : Et quelle est la morale de ta fable ?

Xénotrope : Elle met en évidence des États et unions d'États cosmopolitiques, conscients de leurs interdépendances et de leurs fragilités, conscients que leurs décisions en affectent d'autres, soucieux de leurs responsabilités et obligations internationales ; conscients aussi de leurs droits lorsqu'ils se trouvent dans la position du plus détérioré.

CHAPITRE XII

À QUOI SERVENT
LES EXPÉRIENCES DE PENSÉE ?
VOIR AUTREMENT

Perplexe : Pour chacune de tes propositions, je vois poindre des difficultés en chaîne qui remettent en cause l'utilité même des expériences de pensée. Soit ces propositions sont inapplicables, comme celle d'une plus grande responsabilité historique des pays pollueurs que l'on ne parvient pas à déterminer et à imputer assez précisément. Soit les mesures les plus nobles entraînent des effets pervers. Faut-il sauver tous les pays vides ? Tu nous apitoies sur le cas de pays pauvres, vertueux et démocratiques. Mais si le pays vide a ruiné son propre territoire ? Et comment établir la part de responsabilité nationale et internationale dans la détérioration du territoire ? Chacun se renverra la balle et aucune conséquence pratique ne pourra être tirée de ton principe. Et s'il est dictatorial ? Tu me diras que sa population ne lui maintiendra pas son adhésion. Si le pays vide est un pays islamiste et si l'adhésion de sa population relève du fanatisme religieux, des pays démocratiques et leur union ont-ils l'obligation d'assurer sa survie politique ?

Xénotrope : C'est une véritable objection. Une union de pays pourrait exiger le respect des principes décidés sous voile d'ignorance, puisque c'est le fondement de cette obligation.

Perplexe : Tu parles d'assurer ou de restituer un territoire aux pays vides. Ce n'est donc pas un pays entièrement déterritorialisé. Mais est-ce un territoire de même dimension que celui qui a été perdu ? Vas-tu déplacer les Tuvaluans en Nouvelle-Calédonie, plus escarpée, en leur donnant des terres des Kanaks, plus adaptées que le Texas ou l'Ariège à leur mode de vie ? Les placer dans des îles inoccupées, mais sans eau, où personne ne veut ni ne peut vivre ?

Xénotrope : Assurément, le pays vide n'est pas déterritorialisé : il a son territoire d'origine, peut-être devenu merritoire. Si le territoire d'origine est entièrement inhabitable, le pays vide doit en obtenir un autre. J'ai laissé cette idée dans le flou pour les raisons que tu indiques : toute spécification est susceptible de détournement ou d'abus. Le déplacement forcé des populations n'est pas une option. Mais on peut favoriser diverses solutions pratiques. On le fait dans les plus vénérables démocraties pour l'aménagement du territoire, la construction des infrastructures. Le critère n'est pas la superficie du territoire qui pourrait être inhabitable, mais la possibilité d'y exercer ses droits politiques.

Perplexe : Ta proposition apparemment révolutionnaire devient alors inoffensive. Tu l'as dit, le pays vide n'a d'autre territoire que ses ambassades. Leur maintien répond à ton critère : on peut y voter et y exercer ses droits politiques.

Xénotrope : Mais j'inclus dans les droits politiques l'apprentissage et l'usage des langues officielles, conditions même du contrat social. Au pire, si le pays vide n'obtient pas de concession, location ou prêt de terres, à charge pour les autres pays de fournir des ambassades quartiers, villages ou villes, où s'exerceraient les droits politiques du pays vide. Ces ambassades devraient être assez grandes pour accueillir des systèmes d'enseignements.

Perplexe : Il en est de même pour la population et la double citoyenneté. Ta proposition est bien timide. Pour qu'elle réponde à l'enjeu du réchauffement climatique, ne dois-tu pas mettre en œuvre un fléchage et un principe de répartition des droits de citoyenneté entre les pays ? Une fois que les pays ont mis des passeports sur le marché, faut-il les répartir et comment ?

Xénotrope : Laisser faire le marché reviendrait à laisser les plus pauvres des pays les plus détériorés sans citoyenneté autre que celle de leur pays d'origine et à réserver les citoyennetés convoitées aux plus riches, souvent issus des pays riches, solution aussi injuste qu'inefficace. Une priorité serait donc accordée aux citoyens des pays vides.

Au-delà, on pourrait envisager un tirage au sort à l'intérieur d'ensembles regroupant des pays sur une base de complémentarité ou de ressemblance (regroupement des pays selon la langue parlée, les relations historiques existant entre les pays, etc.). Pays pauvres et riches, proches et distants pourraient faire partie d'un même groupe.

Perplexe : Faut-il envisager que les bénéficiaires puissent revendre ou échanger leur ancienne ou nouvelle citoyenneté obtenue par tirage au sort ?

Xénotrope : Dans ce cas, un Nigérien pourrait revendre sa nationalité américaine pour acquérir une nationalité française, moins prisée sur le marché mondial, et bénéficier de la différence de prix entre les deux nationalités. De tels échanges ou reventes ouvriraient la voie à des trafics mafieux, rackets et pressions en tous genres. Ils devraient donc être exclus.

De plus, les pays ne seraient pas dispensés de proposer des droits de citoyenneté par une compensation financière à d'autres pays (sur le modèle du rachat des droits à polluer). Ces dispenses permettraient aux pays riches de payer les pays pauvres pour qu'ils accordent plus de droits à la citoyenneté et relègueraient les exilés climatiques dans les pays les pauvres. Elles encourageraient une traite des pauvres et un trafic de leurs droits. Cette solution est à la fois inacceptable dans ses principes et fâcheuse dans ses conséquences. Les pays corrompus, autoritaires, pourraient vivre de la rente des droits des pauvres, en empêchant toute démocratisation, pour que ces nouveaux citoyens n'amènent pas un changement de pouvoir.

Des clauses permettraient de surmonter les difficultés effectives de certains pays. Des systèmes de citoyenneté « à la carte », où l'on exercerait ses droits de citoyenneté de manière souple dans des regroupements de pays, pallieraient les problèmes des pays (riches) ayant des possibilités d'accueil territorial limitées (comme le Lichtenstein ou le Japon).

LIBERTÉ D'ESPRIT OU DÉTERMINISME ?

Perplexe : Est-ce donc les conséquences que tu tires de tes principes ?

Xénotrope : Si on ne les accepte pas, il faut être cohérent et lutter plus efficacement contre le réchauffement climatique.

Contraire : Si ce sont les conséquences des principes de justice, on préférera être cohérent en étant injuste !

Perplexe : Crois-tu vraiment au caractère probant des expériences de pensée ? Cette relation de principes de justice à conséquences soulève une objection de fond. Elle suppose de voir les expériences de pensée comme un dispositif de déduction et de décision. Voilà qui est illusoire. Est-ce que la position de départ dicte les décisions ? Si tel est le cas, cela restreint notre liberté de choix.

Contraire : Objection juste mais, encore une fois, bien insuffisante : ces expériences ne supposent pas des sujets libres et rationnels, mais seulement des idiots utiles qui se mettent au garde à vous et obtempèrent, sans réfléchir. C'est bien pourquoi je n'y participe pas !

Xénotrope : Que veux-tu dire ?

Contraire : Regardez le temps qu'il vous a fallu pour seulement identifier les questions à poser. Si on t'avait écouté, tu serais parti à l'abordage pour décider de tout et de n'importe quoi, sans même comprendre ce dont il était question. Tel est le but des expériences de *non*-pensée : placer des imbéciles sur des rails, dans un carcan qui leur dicte les questions et les réponses.

Perplexe : Justement, cela montre l'utilité du doute. Nous avons progressé dans la compréhension des problèmes, leur remise en question et leur reformulation. Mais ce n'est guère un progrès dans les décisions. Car la question est celle du rapport entre dispositif et décision. Le premier ne dicte-t-il pas les réponses ?

Xénotrope : Non, je l'ai dit, notre position ne nous empêchera pas de choisir l'amnésie ou l'enfermement national. Toutefois, ce sera plus difficile de les justifier,

puisqu'on ne pourra plus les considérer comme allant de
soi.

Perplexe : Mais tu ne proposes que des choix internes
au contractualisme. Nous serions plus libres *dans* le
contractualisme, mais pas d'être ou non contractualistes.
Mais cela en prouve moins la supériorité que le caractère
prévisible des expériences de pensée.

Xénotrope : Que veux-tu dire ?

Perplexe : On ne trouve à l'arrivée que le résultat des
prémisses et présupposés de départ. Sortant d'un état de
nature, les contractants du *Léviathan*[111], ceux du Contrat
social reflètent des vues contractualistes. Il en est de même
des délibérants de *La théorie de la justice*, qui, plutôt que
de se porter la contradiction à l'infini, trouvent mira-
culeusement un consensus, qui n'est ni marxiste, ni
libertarien. Les expériences de pensée d'*Anarchie, État et
utopie*[112] débouchent sur une position libertarienne et non
socialiste. Ces conclusions révèlent moins le caractère
déductif de l'expérience que les options des philosophes
les ayant produites. Les expériences de pensée ne sont pas
des processus déductifs rigoureux, d'autant moins que,
par principe, elles ne se heurtent pas au démenti de
l'expérience réelle.

Contraire : Exactement, de bons petits soldats qui
marchent au pas.

IMPARTIALITÉ VARIABLE ET ANTHROPOCENTRISME

Perplexe : Et les propositions issues de nos discussions
n'échappent pas à ce déterminisme : le voile d'ignorance
du droit des gens recouvre des peuples territorialisés et
défend leurs droits collectifs ; le voile d'ignorance global
des théories cosmopolitiques recouvre des individus

et défend des droits globaux individuels ; sous le voile d'ignorance qui nous recouvre, nous sommes à la fois des individus et des Xiens et, ô surprise, on défend des droits politiques individuels *et* collectifs.

Le voile d'ignorance est à géométrie variable et fort peu impartial. Selon que nous envisageons d'être à l'étranger, de ne plus être concitoyens, ni même Xiens, ou apatrides, nous sommes prêts à accorder des droits aux exilés, aux anciens Xiens, aux apatrides. Ce pourrait être nous. Le dispositif de l'expérience de pensée oriente la délibération et les décisions : s'imaginer à l'étranger, sous des bombes Xiennes, dissuade d'une politique belliciste. Pouvant perdre notre territoire, nous voilà prêts à lutter efficacement contre le réchauffement climatique.

Xénotrope : C'était l'argument d'un voile d'ignorance global pour se débarrasser des limitations nationales. Une délibération d'humains de la planète serait plus impartiale.

Perplexe : Elle révèlerait surtout une partialité anthropocentrique manifeste dans le contractualisme. Les animaux non humains y sont des non-sujets ou des proies. Ils ne sont pas des partenaires avec qui l'on agit. Pourquoi ne pas associer les chiens, les grands singes, les dauphins, pour prendre les plus intelligents des animaux ? Ils habitent aussi la terre, parfois vivent avec nous et sont aussi directement concernés par nos pratiques alimentaires, économiques et par la crise écologique. Selon le *All-Affected Principle*, ils devraient être associés à une délibération véritablement démocratique.

Candide : Oui, pourquoi ne pas inventer un parlement mixte mêlant humains et animaux, voire végétaux et qui leur reconnaisse des droits.

Contraire : Et nous voilà repartis au pays des fables !

Perplexe : Pas besoin de fables. Regardez les croyances humaines sur la réincarnation ou l'animisme : prenez-les au sérieux, vous serez subitement plus attentifs au sort des vaches et des animaux totémiques. Là aussi par intérêt : ce pourrait être vous ou moi.

Xénotrope : Certes, mais c'est une croyance humaine sur les vaches et non une croyance bovine sur la réincarnation en humain. On ne sort de l'anthropocentrisme que par une décision humaine. Les parlements des animaux, des plantes ou des choses seront encore animés par des hommes. Il faudrait aux animaux un langage articulé permettant argumentation et considération du futur pour être sous voile d'ignorance.

Perplexe : Ton argument est imparable, mais il souligne seulement la partialité foncière du voile d'ignorance, centré sur le langage articulé, au détriment d'autres modes de communication qui peuvent être ceux des animaux, entre eux ou avec nous. Il exacerbe donc l'anthropocentrisme du contractualisme et la tendance des humains à se considérer comme les seuls habitants de la terre dignes d'intérêt. Et, ô surprise, ce sera une forme ou une autre des droits humains que défendront les humains sous voile d'ignorance.

Unanimisme ou diversité théorique ?

Cliophile : Effectivement, le voile d'ignorance n'est pas un dispositif heuristique : on ne trouve à l'arrivée que ce qu'on y a mis au départ. Que ressortira-t-il de notre expérience de pensée ? Eh bien, ce que chaque théorie y aura placé. C'est une limite de ce mode de réflexion, mais maintenant que nous l'avons identifié, faisons-en bon usage. Laissons place au pluralisme théorique. Si notre situation ne prouve pas la supériorité du contractualisme et de lui seul, ouvrons-la aux libertariens, aux marxistes, aux républicains, aux nationalistes, aux sceptiques et aux indécis.

Candide : Que proposeraient d'autres théories ?

Cliophile : Probablement des libertariens défendront d'abord les droits individuels. Au risque d'une disparition du territoire, ils répondront d'abord par un droit à la relocalisation et à la naturalisation individuelles. À l'inverse, les communautariens chercheront d'abord à défendre les cultures politiques des pays menacés. Les trotskystes verraient dans cette situation les bases d'une nouvelle internationale et les nationalistes promouvront peut-être une internationale des nationalistes ! Il leur suffit de se trouver temporairement un ennemi commun.

Candide : Mais il n'y a pas des convergences ?

Cliophile : On peut aussi parvenir aux mêmes conclusions, mais par des voies différentes : certainement des utilitaristes promouvant le plus grand bonheur du plus grand nombre défendront le pluralisme politique, l'échelle étatique des États providence s'étant révélée la plus efficace pour distribuer des biens sociaux et lutter contre la pauvreté. Les utilitaristes, favorables à l'altruisme, se réjouiraient aussi de l'élargissement progressif de notre attention aux exilés, aux apatrides, aux Xiens manquants, aux victimes du réchauffement climatique. Les contractualistes au nom de l'autonomie et les utilitaristes au nom du bien-être pourraient défendre les mêmes principes par des voies différentes.

On peut donc s'accorder sur les conclusions, mais diverger sur les justifications, ou diverger sur les conclusions et sur les justifications. Mais certainement chaque courant philosophique peut donner sa version et sa réponse à notre position.

Candide : Mais il y a bien des convergences rationnelles, n'est-ce pas ? On l'a dit, il y a certaines horreurs que personne ne veut s'infliger.

Cliophile : Oui, il y a les grands principes du libéralisme politique interne et international pour ne pas être persécutés chez nous ou à l'étranger. C'est certainement ce que je choisirais, mais d'autres justifications de ces droits fondamentaux sont possibles, d'autres choix le sont aussi. Face au risque d'être réfugiés ou apatrides, on peut plaider pour l'internationalisme, ou à l'inverse pour le renforcement des frontières et l'entretien de forces armées, toujours sur le pied de guerre. Quant à déclarer que ce choix serait celui de la passion et le mien celui de la raison relèverait de ces prétentions du dogmatisme philosophique que les sceptiques n'ont eu de cesse de railler.

Perplexe : Sur ce point, nous voilà d'accord.

Contraire : Évidemment. La moindre unanimité rationnelle serait extraordinaire au pays des philosophes. Au nom de la raison même, tout leur est prétexte à chicane sur le quelque chose, le je-ne-sais-quoi et le presque rien. En matière de consensus, considérez plutôt les Conventions de Genève, ratifiées par tous les États de la planète. On n'a pas attendu le voile d'ignorance pour refuser les persécutions et avec bien plus d'unanimité et d'efficacité.

Un test pour toute théorie

Candide : Mais à quoi servons-nous alors ? À quoi bon nous avoir mis sous ce voile d'ignorance s'il ne prouve rien qu'il ne présuppose déjà ? S'il ne met pas fin à nos désaccords ? S'il ne donne pas de solution ?

Contraire : Mais à rien. Vos discussions philosophiques et ce voile d'ignorance en particulier sont ineptes et inutiles. Je vous l'ai déjà dit.

Xénotrope : Mais si, au contraire. J'ai avancé que notre parcours renouvelle le contractualisme. Vous pensez au contraire que chacun ne retrouvera dans cette expérience que ce qu'il y a mis. À la bonne heure : toutes les théories peuvent donc affronter notre expérience. Vous voyez donc bien qu'elle n'est pas un carcan déterministe pour la pensée. On pourra alors confronter leurs réponses à celles du contractualisme, qui en sortira assurément vainqueur.

Cliophile : Cela montre aussi qu'un renversement de perspectives est possible en leur sein même. Quelles que soient ces théories, elles ne peuvent se dérober. Elles devront affronter cette possibilité égale de résidence, d'exil et de retour, cette possible perte du territoire. La clôture sur soi-même ou la négligence de l'étranger n'est donc pas une conséquence inévitable de leurs principes. Ainsi, l'immigration ou la politique étrangère cesseront d'être des à-côtés et des gênes pour des modèles politiques d'autant plus pertinents que l'on serait seul au monde.

Notre expérience transforme les termes de la délibération. La question n'est donc pas d'opposer les mondialistes et les nationalistes, mais de demander à chacun quel internationalisme il présuppose ou propose.

Candide : Donc tout le monde peut se placer dans notre situation. Mais si personne n'est d'accord sur ce qu'il en conclut ?

Perplexe : Nous favoriserions le scepticisme, voilà enfin un résultat satisfaisant !

Cliophile : Disons que cette expérience de pensée peut accommoder les sceptiques et maintenir un principe de pluralité sceptique : elle ne dicte pas telle ou telle position philosophique ; elle ne l'exclut pas non plus. Et nous en avons besoin pour critiquer le solipsisme politique qui peut se loger là où on ne l'attend pas. On l'a vu pour les théories de l'État mondial, de la relocalisation, de l'immigration et bien d'autres visions à sens unique et autres formes d'ethnocentrisme.

Candide : Oui, mais peut-on et doit-on aller au-delà ? Comment, dans l'ignorance qui est la nôtre, pourrions-nous apporter des solutions ?

Cliophile : Mais le devons-nous ? Il ne nous incombe pas d'écrire un mode d'emploi du pays vide ou un manuel de survie climatique. Une expérience de pensée doit-elle devenir la foire aux bonnes idées où chacun y va de sa solution miracle pour sauver la planète ? Les idées ne manquent pas. C'est aux sciences et aux diverses disciplines de nous éclairer. Tournons-nous vers la climatologie, la géologie, l'océanographie, la géographie, l'écologie, l'économie, le droit, les sciences politiques, l'anthropologie et bien d'autres sciences. On les incitera à se placer dans cette situation où ils ne savent ni qui, ni où ils sont. Grâce à cette expérience de pensée, chacun, chaque discipline reformulera alors le problème à sa manière. Nous favorisons la compétition des idées.

Candide : Il nous faut donc laisser la place aux sciences.

QUESTION DE MÉTHODE ET DE THÉRAPIE

Cliophile : Te voilà bien pessimiste. Il est certes temps de sortir de ce voile d'ignorance, mais pas pour laisser la place aux seules sciences. Notre position est d'abord un instrument critique, remettant en cause les présupposés, les préjugés, les vérités bien établies qui peuvent aussi se loger dans les sciences. Les humains sont tous responsables et victimes du réchauffement climatique, à divers degrés ; ils n'en tirent pas de conséquences politiques. Les pays devenant inhabitables ne concernent que les autres. Qu'est-ce qu'être le citoyen d'un pays vide ? Nous pouvons susciter des doutes.

Perplexe : Avec plaisir !

Cliophile : Il s'agit aussi de combattre les faux problèmes, les questions mal comprises, mal posées qui n'appellent pas de réponse, mais une reformulation. Il faut ôter des œillères, apprendre à voir autrement, transformer le regard. Nous pouvons aussi ouvrir des possibles.

Une expérience de pensée est moins intéressante par ses résultats que par les perspectives qu'elle ouvre. Elle apprend à voir la société sans fondement religieux dans l'hypothèse d'une société d'athées, la société sous l'angle de l'utilité des vices dans la *Fable des abeilles*, la construction politique comme adhésion volontaire dans le contrat social, les décisions politiques en termes procéduraux dans la théorie de la justice. Notre situation apprend à voir notre territoire dans sa fragilité, à voir la construction politique à l'aune des allers et retours des migrants, le résident comme un *stayee* défini par les migrations des autres et non par son origine.

Xénotrope : Assurément, nous contribuons à un cosmopolitisme méthodologique : rien de notre pays ni de nous-mêmes n'est séparable de notre place dans le monde ; nous raisonnons indissociablement en tant que citoyens de l'Xie et citoyens du monde.

Candide : Nous proposerions donc une méthode plutôt qu'un résultat ?

Cliophile : Oui, cette méthode ne cherche pas à conclure, à proposer des solutions, mais à reformuler la manière de poser les problèmes. En espérant qu'une partie de la solution réside dans la clarification, l'explicitation de l'implicite, la reformulation. En l'occurrence, notre méthode a fait sortir le solipsiste méthodologique de sa bulle. C'est pour lui une excellente thérapie. Nous avions pour tâche de soigner celui qui sait que l'étranger et les étrangers existent, mais qui persiste à raisonner, en philosophie politique, comme si son pays était seul au monde. Il a fallu le défaire d'une rigidité, d'une crampe de pensée qui l'empêchait de tourner la tête, de voir l'étranger et les étrangers ou de voir de leur point de vue. Il avait la nuque raide et des œillères.

Candide : Mais comment a-t-on fait ?

Cliophile : Grâce à l'aiguillon du doute, placé dans notre situation, ses tranquilles fondements n'étaient plus aussi évidents, son identité et son devenir non plus. Où était-il ? Qui était-il ? Les variations de notre voile d'ignorance ont orienté son regard dans diverses directions. De telles orientations ont leurs partialités et leurs limites, elles ont aussi leurs mérites. Le solipsiste a d'abord dû regarder en bas, à gauche puis à droite, se retourner. Il pourrait être ici, peut-être là-bas à l'étranger, peut-être dans un ici devenu étranger. Il s'est doucement étiré vers les anciens Xiens dénaturalisés, vers les potentiels anciens Xiens, vers les futurs ex-Xiens, vers les Xiens manquants. Il a gagné en souplesse, en largeur d'esprit. Il peut bien sûr toujours regarder debout, de face et seulement le bout de son nez, mais c'est maintenant un choix et non plus une infirmité.

Cette extension progressive du voile d'ignorance a des vertus pédagogiques. C'est une thérapie douce qui a progressivement décentré le solipsiste de son enfermement, par cercles concentriques, par élargissements successifs.

Candide : Et qu'est-ce que cela change pour lui ?

Cliophile : Tout à son solipsisme et peut-être rien en réalité. Nous avons montré au solipsiste méthodologique qu'il pouvait penser du point de vue d'un étranger sans rien perdre de sa construction politique. Tout pourrait être différent, tout pourrait être identique : par chance, il se pourrait que tous les Xiens soient réunis sur un territoire stable et durable. Mais ce n'est plus qu'une possibilité parmi d'autres.

PERSUADER TOUT LE MONDE ?

Perplexe : Mais ne sommes-nous pas en fait restés bien solipsistes en ne parlant que de nous-mêmes ?

Cliophile : Il fallait montrer aux mouches comment sortir de la bouteille[113].

Perplexe : Pas toutes les mouches : les philosophes communautariens défendant les identités refuseront de se mettre à notre place, arguant qu'ils ne peuvent raisonner sans savoir s'ils sont hommes ou femmes, de telle ou telle culture.

Cliophile : Nous avons déjà envisagé cette objection. Les sciences sociales offrent des analogues empiriques du voile d'ignorance. Et les identités sociales ne sont pas un socle stable et rassurant, permettant de s'enfermer dans un genre, dans un pays.

Perplexe : On t'objectera que tu prends des cas extrêmes, d'exils et de catastrophes, et non la normalité ordinaire, celle qui donne la signification aux mots. Et ne doit-on pas persuader l'homme et la femme ordinaires, tranquillement installés dans la certitude de savoir où ils se trouvent ?

Cliophile : Certes, mais il y a peu d'hommes et de femmes ordinaires qui ne soient pas déjà confrontés au réchauffement climatique, même sous la forme atténuée des canicules, incendies, pluies torrentielles et inondations. De surcroît, parlant d'usage ordinaire, le voile d'ignorance y est suffisamment entré pour offrir un langage commun. Pour ceux qui le découvrent, il a une fonction pédagogique : chacun peut aisément s'en emparer.

Perplexe : Probablement, il y a des limites d'âge : il effraye les petits enfants.

Cliophile : Admettons que tu aies raison, que notre situation ne soit pas accessible à certains, par dogmatisme, par manque d'imagination ou pour toute autre raison. On se placera alors sur le terrain de l'adversaire. Les philosophes utilitaristes ou communautariens dénoncent la fiction du contrat social ou du voile d'ignorance. On cherchera des analogues empiriques de notre expérience. Parlons en termes de situations et de décisions réelles de citoyens et de pays existants : étudions les moments de création ou de disparition de nouveaux États ; voyons-la (dé)construction étatique sous l'angle des migrations et les normes quotidiennes à une aune internationale.

Contraire : On aurait pu commencer par-là, vu notre inutilité.

Prof : Peut-être l'a-t-on fait dans le monde réel[114]. Va savoir. Dans tous les cas, ces approches seraient complémentaires : les expériences de pensée, les études de sciences sociales peuvent par des voies divergentes poursuivre la même fin, enlever des œillères, changer la manière de voir.

Perplexe : Mais n'est-ce pas redondant ?

Cliophile : Pas nécessairement, chaque approche a ses mérites. À nous de confronter les expériences de pensée et les expériences réelles, une fois sortis de ce voile d'ignorance. Parfois la réalité dépasse la fiction ; nos discussions apparaîtront alors bien vaines et nos propositions bien timorées. Parfois la fiction est une invention.

Contraire : J'avais raison. Tu proposes un usage informé du voile d'ignorance, presque acceptable en regard des usuels bavardages philosophiques. Ce procédé perd ainsi toute dimension normative. Et sans normes, à quoi sert un voile d'ignorance ? Vraiment à rien.

Cliophile : Excellente objection. Nous montrons que le voile d'ignorance n'est pas un voile d'obscurantisme et qu'il peut se nourrir des sciences (sociales), étant ainsi moins ethnocentrique que certaines philosophies prétendument plus sociales. Sous ce voile, on y a élucidé, clarifié, reformulé des normes. A-t-on de surcroît besoin d'une étiquette normative pour que la philosophie garde un pré carré ? J'en doute. S'il s'agit pour la philosophie normative de donner des leçons et prescriptions, des manuels de savoir-vivre et gouverner, en se plaçant au-dessus des sciences, sans se soucier des contextes d'élaboration et d'application des normes, c'est une prétention vaine. Le scepticisme et la confrontation aux sciences (sociales) sont bienvenus s'ils manifestent que de telles normes sont vides, voire irréalisables, contreproductives et finalement iniques.

Abandonnons-nous toute prétention normative ? Certes non, mais nous ne réclamons pas un droit d'exclusivité philosophique. Les normes sont présentes dans le droit, dans les pratiques ordinaires, dans les sciences (sociales), même si elles s'en défendent. Elles y sont même nombreuses et en concurrence. Là aussi, il faut expliciter l'implicite, élucider, clarifier, passer au crible, reformuler, apprendre à voir autrement. Et concernant un partenariat avec la nature, avec les animaux, les plantes, la route est encore bien longue.

Candide : Mais avons-nous encore le temps ?

NOTES

1. Les rapports du GIEC (Groupe d'experts intergouvernemental sur l'évolution du climat) sont accessibles à https://www.ipcc.ch/languages-2/francais (consulté le 28 décembre 2021).

2. Voir https://www.aosis.org, (consulté le 28 décembre 2021).

3. F. Gemenne, « Tuvalu, un laboratoire du changement climatique ? Une critique empirique de la rhétorique des "canaris dans la mine" », *Revue Tiers Monde*, 2010, vol. 4, n° 204, p. 89-107.

4. A.-M. Thiesse, *La création des identités nationales. Europe XVIIIe-XIXe siècle*, Paris, Point-Seuil, 2001.

5. E. Hobsbawm, T. Ranger (éd), *L'invention de la tradition*, Paris, Éditions Amsterdam, 2012.

6. « Les terres des particuliers réunies et contiguës deviennent le territoire public », J.-J. Rousseau, *Du contrat social*, Paris, Folio-Gallimard, 1993, Livre I, chapitre IX.

7. P. Bayle, *Pensées diverses sur la comète écrites à un docteur de Sorbonne, à l'occasion de la comète qui parut au Mois de décembre 1680*, Paris, GF-Flammarion, 2007 et *Continuation des Pensées diverses, écrites à un docteur de Sorbonne, à l'occasion de la comète qui parut au Mois de décembre 1680, ou réponse à plusieurs difficultés que Monsieur*** a proposé à l'auteur*, Amsterdam, Reinier Leers, 1705 (désormais abrégé *Continuation des pensées diverses*).

8. B. de Mandeville, *La Fable des abeilles, ou les vices privés font le bien public*, vol. 1, Paris, Vrin, 1990.

9. Sur les théories déclaratives et constitutives du droit international, voir D. Alland, *Droit international public*, Paris, Puf, 2000, p. 107 *sq.*

10. J. R. Crawford, *The Creation of State in International Law*, Oxford, Oxford University Press, 2007.

11. M. Mauss, *La nation ou le sens du social*, Paris, P.U.F, 2018.

12. R. Descartes, *Méditations métaphysiques*, Paris, GF-Flammarion, 2011, § 1, 1ʳᵉ méditation.

13. J. Bouveresse, *Le mythe de l'intériorité. Expérience, signification et langage privé chez Wittgenstein*, Paris, Minuit, 1976.

14. Pour l'analogie entre solipsisme métaphysique et solipsisme politique, voir *Mythes de l'intériorité, du métaphysique au politique*, numéro de la revue *Éthique, politique, religion* 16, 2020/1, notamment l'introduction, I. Delpla, p. 9-24. Ce chapitre s'appuie aussi sur les autres articles de ce numéro, notamment « Dialogue avec Jacques Bouveresse », p. 25-70 ; C. Nouët, « Critique du solipsisme et critique de l'État-nation chez Habermas », p. 91-107 et B. Gnassounou, « Groupe, règle et politique. Réflexions », p. 109-122.

15. A. M. Jaggar, *Feminist Politics and Human Nature*, Totowa N.J., Rowman & Allanheld, 1983, p. 40.

16. F. Neumann, *Behemoth : The Structure and Practice of National Socialism, 1933-1944*, Chicago, Ivan R Dee, 2009, p. 136 ; J. Bouveresse, *Les premiers jours de l'inhumanité. Karl Kraus et la guerre*, Marseille, Hors d'atteinte, 2019.

17. H. Kelsen, *Théorie pure du droit*, Neuchatel, Édition de la Baconnière, 1953, p. 187.

18. Sur le territoire comme contenant, voir J. Agnew, « Le piège territorial. Les présupposés géographiques de la théorie des relations internationales », *Raisons politiques* 54, 2014, p. 23-51.

19. R. Koselleck, *Le règne de la critique*, Paris, Minuit, 1979, p. 35 ; sur ce passage, voir C. Nouët, « Critique du solipsisme et critique de l'État-nation chez Habermas », *op. cit.*, p. 100.

20. H. L. A. Hart, *Le concept de droit*, Bruxelles, Presses Universitaires de Saint-Louis, 2019.

21. J.-J. Rousseau, *Du Contrat social*, *op. cit.*, livre IV, chapitre IX, conclusion. Pour une théorie rousseauiste des relations internationales plus aboutie, voir ses *Principes du droit de la guerre* et *Écrits sur l'abbé de Saint Pierre*, Paris, Vrin, 2008.

22. J. Rawls, *Théorie de la justice*, Paris, Point-Seuil, 1987.

23. Comme ce fut le cas dans l'affaire Lyssenko, voir D. Lecourt, *Lyssenko : histoire réelle d'une « science prolétarienne »*, Paris, Puf 1976.

24. Critique énoncée par V. Descombes, *Le complément de sujet. Enquête sur le fait d'agir de soi-même*, Paris, Gallimard, 2004.

25. J. Rawls, *Théorie de la justice*, *op. cit.*, § 22.

26. Voir par ex. P. Boucheron (éd.), *Histoire mondiale de la France*, Paris, Seuil, 2018.

27. Voir L. Wittgenstein, *Recherches philosophiques*, Paris, Gallimard, 2014, § 66.

28. A. Lejbowicz, *Philosophie du droit international : l'impossible capture de l'humanité*, Paris, Puf, 1999.

29. Pastiche de l'expression de Quine « la traduction radicale commence à la maison » et idée que j'ai développée dans I. Delpla, *La justice des gens. Enquêtes dans la Bosnie des nouvelles après-guerre*, Rennes, P.U.R., 2014, p. 13.

30. Transposition d'un argument que Vincent Descombes applique à l'individu, *Proust. Philosophie du roman*, Paris, Minuit, 1987 ; *Le raisonnement de l'ours et autres essais de philosophie pratique*, Paris, Seuil, 2007.

31. Pour la critique de la causalité comme connexion nécessaire, voir D. Hume, *Enquête sur l'entendement humain*, Paris, GF-Flammarion, 2021, section VII. Pour ses implications

sur la possibilité logique du solipsisme, voir B. Russell, *Problèmes de philosophie*, Paris, Payot, 1989, chapitre II.

32. G. E. Moore, « Preuve qu'il y a un monde extérieur », dans F. Armengaud, *Moore et la genèse de la philosophie analytique*, Paris, Klincksieck, 1985, p. 174-195.

33. Sur le volontarisme et sa critique, voir O. de Frouville, « Une conception démocratique du droit international », *Revue européenne des sciences sociales* XXXIX-120, 2001, p. 101-144.

34. Sur le monisme et le dualisme, voir D. Alland, *Droit international public*, *op. cit.*, p. 355-357 et O. de Frouville, « Une conception démocratique du droit international ».

35. L. Wittgenstein, *Recherches philosophiques*, *op. cit.*, § 258 *sq.* ; voir J. Bouveresse, *Le mythe de l'intériorité*, *op. cit.*, p. 413 *sq.*

36. L. Wittgenstein, *Recherches philosophiques*, *op. cit.*, § 270.

37. *Ibid.*, § 398.

38. L. Wittgenstein, *Recherches philosophiques*, *op. cit.*, § 268.

39. P. Bayle, *Continuation des pensées diverses*, *op. cit.*, § 123 *sq.*

40. D. Hume, *Enquête sur les principes de la morale*, Paris, Vrin, 2002, partie I, section III, « De la justice ».

41. L. Wittgenstein, *Recherches philosophiques*, *op. cit*, § 258.

42. J.-J. Rousseau, *Du contrat social*, *op. cit.*, livre I, chapitre IV.

43. Voir par ex. Ph. Descola, *Les lances du crépuscule*, Paris, Pocket Terre Humaine, 2006.

44. Allusion à l'art de la chasse aux poux dans Platon, *Le Sophiste*, Paris, GF-Flammarion, 2006, 227 a-c.

45. Sur l'ensorcellement par le langage, voir L. Wittgenstein, *Recherches philosophiques*, *op. cit.*, § 109.

46. H. L. A. Hart, *Le concept de droit*, *op. cit.*, chapitres IV et X.

47. Sur la fonction thérapeutique de la philosophie, voir L. Wittgenstein, *Recherches philosophiques*, *op. cit.*, § 133, § 254 et 255.

48. *Ibid.*, § 66.

49. A. Alesina, *Combattre les inégalités et la pauvreté. Les États-Unis face à l'Europe*, Paris, Flammarion, 2006.

50. J. Rawls, *Théorie de la justice*, *op. cit.*, § 24.

51. On vise là la version de Rawls. Rousseau, en revanche, discutait de la taille du territoire (*Du contrat social*, *op. cit.*, livre II, chapitre x).

52. J. Rawls, *Théorie de la justice*, *op. cit.*, § 22.

53. J. Rawls, « Le droit des peuples », dans *Paix et démocratie. Le droit des peuples et la raison publique*, Paris, La découverte, 2003.

54. E. Kant, *Projet de paix perpétuelle*, Paris, Vrin, 2000.

55. R. Nozick, *Anarchie, État et Utopie*, Paris, Puf, 2016; pour la critique du caractère anhistorique du contractualisme, voir partie II, chapitre vii, p. 188 *sq.*

56. R. Teitel, *Transitional Justice*, Oxford, Oxford University Press, 2000; J. Elster, *Closing the Books : Transitional Justice in Historical Perspective*, Cambridge, Cambridge University Press, 2004; M. Osiel, *Juger les crimes de masse. La mémoire collective et le droit*, Paris, Seuil, 2006.

57. J. Rawls, *Théorie de la justice*, *op. cit.*, § 24.

58. S. Hoffman, *Une morale pour les monstres froids. Pour une éthique des relations internationales*, Paris, Seuil, 1982.

59. J. Agnew, « Le piège territorial », *op. cit.*

60. V. Chapaux et J. Pierret, article « Statocentrisme », dans P. Mbongo, F. Hervouët, C. Santulli (éd.), *Dictionnaire encyclopédique de l'État*, Berger Levrault, Paris, p. 868-873. Michel Foucault est un critique du statocentrisme par la distinction entre la question du pouvoir et celle de l'État, par exemple dans *Surveiller et punir. Naissance de la prison*, Paris, Gallimard, 1975.

61. Cette critique peut viser Foucault dans *Surveiller et punir*, *op. cit.* ; voir K. Buton-Maquet, *L'individualité militaire et ses vertus : Éthique et écrits tactiques de la Révolution française à la décolonisation*, thèse soutenue à l'Université Lyon III, sous la direction d'I. Delpla, le 29 juin 2020.

62. Voir H. Lacher, « Putting the State in Its Place : The Critique of State-Centrism and Its Limits », *Review of International Studies*, vol. 29, n° 4, Oct. 2003, p. 521-541 ; R. Keohane et J. S. Nye Jr., *Transnational Relations and World Politics*, Harvard, Harvard University Press, 1973.

63. C'est la critique adressée à Locke par J. Tully, « Rediscovering America : The Two Treatises and Aboriginal Rights », *in* G. A. J. Rogers (ed.), *Locke's philosophy, Content and context*, Oxford, Oxford Clarendon Press, 1994, p. 165-196.

64. Thèse d'H. Arendt dans *Les origines du totalitarisme. L'impérialisme*, Paris, Fayard, 1982, chapitre v, « Le déclin de l'État-nation et la fin des droits de l'homme ».

65. Le génocide au Rwanda, en 1994, ne s'est pas accompagné d'un processus de dénaturalisation. Les Tutsis étaient toujours citoyens lorsqu'ils furent assassinés.

66. F. Markowitz, A. H. Stefansson (eds.), *Homecomings : Unsettling Paths of Return*, New York, Lexington Books, 2004.

67. C'est notamment le cas d'Israël et de l'Arménie.

68. Voir les objections adressées à Rawls par M. J. Sandel, *Le libéralisme et les limites de la justice*, Paris, Seuil, 1999.

69. A. Kraler, E. Kofman, M. Kohli et C. Schmoll (eds.), *Gender, Generations and the Family in International Migration*, Amsterdam, Amsterdam University Press, 2011.

70. Voir C. E. Pollack, « Returning to a Safe Area ? The Importance of Burial for Return to Srebrenica », *Journal of Refugee Studies*, vol. 16, n° 2, 2003 ; I. Delpla, *La Justice des gens*, *op. cit.*, partie III.

71. M. J. Sandel, *Le libéralisme et les limites de la justice*, *op. cit.*

72. Comme ceux du Conseil national de la Résistance : les principes de la IVᵉ République et de l'État social sont nés dans les maquis et dans la France libre en exil.

73. Pour le rôle des étrangers dans la Résistance française, notamment celui des Républicains espagnols qui ont pu être intégrés dans les FFI (Forces françaises de l'intérieur), voir D. Peschanski (éd.), *Des Étrangers dans la Résistance*, Paris – Champigny-sur-Marne, Éditions de l'Atelier, 2002 ; C. Delpla, *La Libération de l'Ariège*, Toulouse, Le Pas d'oiseau, 2019 et *La Résistance en Ariège*, Toulouse, Le Pas d'oiseau, 2022.

74. J. Rawls, « Le droit des peuples », dans *Paix et démocratie. Le droit des peuples et la raison publique, op. cit.*, partie I, § 2.

75. Voir les critiques de S. Chauvier, *Justice internationale et solidarité*, Nîmes, Jacqueline Chambon, 1999.

76. Voir M. Mauss, *La nation ou le sens du social*, Paris, Puf, 2018.

77. J. Rawls, « Le droit des peuples », *op. cit.*, § 2.1 et note 17.

78. J. Rawls, « Le droit des peuples », *op. cit.*, § 15.

79. Voir Ch. Beitz, *Political Theory and International Relations*, Princeton, Princeton University Press, 1973 ; Ch. Beitz (ed.), *International Ethics*, Princeton, Princeton University Press, 1985 ; Ch. Beitz, « Rawls's Law of peoples », *Ethics* 110, July 2000, p. 669-696 ; Th. Pogge, *Realizing Rawls*, Ithaca, Cornell University Press, 1989 ; Th. Pogge, *World Poverty and Human Rights : Cosmopolitan Responsibilities and Reforms*, London, Polity Press, 2002 ; Th. Pogge (ed.), *Global Justice*, London, Blackwell Publishers, 2001 ; S. Chauvier, *Justice internationale et solidarité, op. cit.*

80. Voir Th. Pogge, *Realizing Rawls, op. cit.*

81. Expression empruntée à S. Chauvier, *Du droit d'être étranger. Essai sur le concept kantien d'un droit cosmopolitique*, Paris, L'Harmattan, 1996, p. 10.

82. H. L. A. Hart, *Le concept de droit, op. cit.*, chap. 10, « Droit international ».

83. Objection de M. Nussbaum, *Frontiers of Justice : Disability, Nationality, Species Membership*, Harvard, Harvard University Press, 2006, p. 264 *sq.*

84. S. Caney, « Climate Change, Human Rights, and Moral Thresholds », *in* S. M. Gardiner, S. Caney, D. Jamieson, H. Shue (eds), *Climate Ethics. Essential Readings*, Oxford, Oxford University Press, 2010, p. 163-177.

85. Voir D. Hume, « De la justice », dans *Enquête sur les principes de la morale*, *op. cit.*, p. 85 *sq.* Pour Rawls, les circonstances de la justice désignent « l'ensemble des conditions normales qui rendent à la fois possible et nécessaire la coopération humaine », *Théorie de la justice*, *op. cit.*, § 22, p. 161.

86. Citation de M. Kundera, *La plaisanterie*, Paris, Folio-Gallimard, 2003, p. 422.

87. Exemple donné par Hume dans « De la justice », *Enquête sur les principes de la morale*, *op. cit.*, p. 88.

88. Voir les références des travaux de Ch. Beitz, Th. Pogge, S. Chauvier au chapitre VI. Pour les critiques contre l'idée d'un État mondial, voir Kant, *Projet de paix perpétuelle*, *op. cit.*

89. M. Walzer, *Guerres justes et injustes. Argumentation morale avec exemple historique*, Paris, Belin, 1999.

90. Voir S. Chauvier, *Justice internationale et solidarité*, *op. cit.*, p. 86 *sq.*

91. La frontière entre la RFA et la RDA a ainsi disparu pour laisser placer à la nouvelle frontière de l'Allemagne réunifiée.

92. Citation de J.-J. Rousseau, *Du contrat social*, livre III, chapitre XI, « De la mort du corps politique », § 1.

93. Tels que la Belgique, la Bosnie-Herzégovine et Chypre.

94. G. Sawicki, « De la violence de guerre à la victimisation. Les villes et les villages de Lorraine pendant la Première Guerre mondiale », *Histoire@Politique*, n° 32, mai-août 2017 [accessible en ligne, https://www.histoire-politique.fr/index.php?numero=32&rub=dossier&item=304, consulté le 28 déc. 2021.]

95. A. O. Hirschman, *Exit, Voice, Loyalty. Défection et prise de parole*, Bruxelles, Éditions de l'Université de Bruxelles, 2011.

96. J. Connell, « Contracting Margins ? Liquid International Migration in the Pacific », *Revue européenne des migrations internationales*, vol. 35, n° 1 et 2, 2019, p. 107-123.

97. Th. Faist, *Dual Citizenship in Europe, From Nationhood to Societal Integration*, London, Routledge, 2007 ; P. J. Spiro, *At Home in Two Countries : The Past and Future of Dual Citizenship*, New York, New York University Press, 2016.

98. M. Agier, *Gérer les indésirables. Des camps de réfugiés au gouvernement humanitaire*, Paris, Flammarion, 2008 ; G. Sinatti, « "Mobile Transmigrants" or "Unsettled Returnees" ? Myth of Return and Permanent Resettlement among Senegalese Migrants », *Population, Space and Place*, numéro spécial « Return and onward Migration », vol. 17, n° 2, March-April 2011, p. 153-166.

99. S. Jansen, « Troubled Locations. Return, the Life Course and Transformations of Home in Bosnia-Herzegovina », *in* S. Jansen et S. Löfving (eds.), *Struggles for Home. Violence, Hope and the Movement of People*, New York-Oxford, Berghahn, 2009, p. 43-64.

100. P. Weil, « Circulez, il y a à voir », *La Revue des droits de l'homme* [En ligne], n° 4, 2013, mis en ligne le 20 décembre 2013, consulté le 28 décembre 2021. URL : http://journals.openedition.org/revdh/336.

101. Pour la critique de l'essentialisme des significations et le paradigme de la traduction, voir W. V. O. Quine, *Le mot et la chose*, Paris, Flammarion, 1977.

102. Pour un parallèle entre signification comme traduction et citoyenneté comme passage entre les pays, voir I. Delpla, « Du pays vide : traduction radicale et cosmopolitisme », dans M. Pécharman et Ph. de Rouilhan, *Le Philosophe et le langage. Études offertes à Jean-Claude Pariente*, Paris, Vrin, 2017, p. 319-346.

103. M. Risse, « The Right to Relocation : Disappearing Island Nations and Common Ownership of the Earth », *Ethics & International Affairs*, vol. 23, n° 3, p. 281-300, 2009; S. Byravan, S. Rajan, « The Ethical Implications of Sea-Level Rise Due to Climate Change », *Ethics & International Affairs*, vol. 24, n° 3, 2010, p. 239-260.

104. C'est la position de Kant, voir notamment *Projet de paix perpétuelle*, Paris, Vrin, 2000.

105. Ces analyses rejoignent celles de Céline Spector, notamment dans sa critique d'une pseudo-alternative entre contractualisme et construction européenne défendue par V. Descombes, voir C. Spector, *No demos ? Souveraineté et démocratie à l'épreuve de l'Europe*, Paris, Seuil, 2021, p. 79-88.

106. Sur les relations entre justice climatique globale et justice environnementale, voir C. Larrère, « Inégalités environnementales et justice climatique », *Annales des Mines – Responsabilité et environnement*, vol. 79, n° 3, 2015, p. 73-77 et « Justice et environnement : regards croisés entre la philosophie et l'économie », In *Revue de philosophie économique*, vol. 16, n° 1, 2015, p. 3-12.

107. Voir par ex. M. Risse, « The Right to Relocation : Disappearing Island Nations and Common Ownership of the Earth », *Ethics & International Affairs*, vol. 23, n° 3, 2009, p. 281-300.

108. Voir entre autres D. Jamieson, « Adaptation, mitigation, and justice », *in* S. M. Gardiner, S. Caney, D. Jamieson, H. Shue (eds.), *Climate Ethics. Essential Readings*, *op. cit.*, p. 263-283 ; pour l'idée de carte carbone individuelle, voir M. Szuba, « La carte carbone : des quotas d'énergie pour les particuliers », dans S. Frère et H.-J. Scarwell, *Éco-fiscalité et transport durable : entre prime et taxe ?*, Villeneuve d'Ascq, Presses Universitaires du Septentrion, 2017, p. 161-187.

109. Voir M. Deleixhe et I. Aubert, *A New Idea(l) For Europe. Report on the Future of Cosmopolitanism in Europe*, NoVaMigra Project, Deliverable 4.3, 2021, accessible à https://doi.org/10.17185/duepublico/74426 (consulté le 28 décembre 2021).

110. Abdelmalek Sayad, *La double absence. Des illusions de l'émigré aux souffrances de l'immigré*, Paris, Point-Seuil, 2014.

111. Th. Hobbes, *Léviathan*, Paris, Vrin, 2005.

112. R. Nozick, *Anarchie, État et utopie*, Paris, Puf, 2016.

113. Wittgenstein, *Recherches philosophiques*, *op. cit.*, § 309.

114. C'est ce qu'a fait l'auteure de ce livre auparavant, dans une enquête de terrain menée en Bosnie-Herzégovine après-guerre, au moment du retour des réfugiés dits « minoritaires », dans les années 2000 : voir I. Delpla, *La justice des gens. Enquêtes dans la Bosnie des nouvelles après-guerres*, Rennes, P.U.R., 2014.

REMERCIEMENTS

L'idée de ce texte, pourtant très spéculatif, est née d'un travail de terrain en Bosnie-Herzégovine (mené grâce à une délégation CNRS à l'UMR Triangle, en 2006 et 2007) et de la confrontation à des pans de pays quasi vides. Elle s'est ensuite nourrie d'échanges avec des amis, des collègues, des étudiants, dans tant de contextes, de villes et de pays qu'il m'est impossible de les citer nommément. Toute ma gratitude va d'abord aux Bosniens qui m'ont fait part de leurs expériences de l'exil, du déplacement et du retour ou du non-retour. Je suis redevable à mes divers interlocuteurs rencontrés à Athènes, à Santa Clara et à Berkeley, en 2008, à Victoria (Canada) en 2011, à Sarajevo et à Londres en 2012, à distance à Duke en 2019, et au fil des années, dans des séminaires et des colloques, à Paris, à l'ENS, à Paris 1, à Paris IV, à l'EHESS, au collège de France, à l'ENS Lyon, à Orange ou à Lyon 3. Merci à Olivier Basso, à Chris Kutz et à Sandrine Lefranc pour leurs encouragements. Une première formulation de cette expérience de pensée a bénéficié des retours de Xavier Bougarel, Vincent Descombes, Claude Gautier, Mark Osiel, Michel Senellart, Johanna Siméant, membres du jury de mon HDR à l'ENS Lyon en 2010. Particulièrement précieuses ont été les réflexions de Magali Bessone, Charles Girard, Jean-Louis Fournel, Cécile Jouhanneau, Catherine et Raphael Larrère, Olivier Tinland, Francis Wolff, et, dans le groupe sur la justice internationale, de Benjamin Bourcier, Olivier de Frouville, Emmanuel Pasquier et Valéry Pratt. Merci également aux participants du séminaire « Cosmopolitisme et justice globale » et de la journée d'étude « Mythes de l'intériorité », organisée grâce au soutien de l'IrPhiL et du Labex Comod. La forme du dialogue est née d'un semestre de CRCT accordé par l'Université Lyon 3 en 2020 et s'est affermie sous l'impulsion vivifiante de Stéphane Chauvier et de Céline Spector.

Et une infinie reconnaissance au premier auditoire, qui, avec Adrien et Jacques, n'est pas encore lassé d'objecter et de suggérer, ni de surcroît, pour Denise et Peter, de lire et relire avec autant de générosité que de rigueur.

TABLE DES MATIÈRES

Achevé d'imprimer en mars 2023
sur les presses de
La Manufacture - Imprimeur – 52200 Langres
Tél. : (33) 325 845 892

N° imprimeur : 230210 - Dépôt légal :mars 2023
Imprimé en France